Johannes Wernicke

Das Verhältnis zwischen Geborenen und Gestorbenen

in historischer Entwickelung und für die Gegenwart in Stadt und Land

Johannes Wernicke

Das Verhältnis zwischen Geborenen und Gestorbenen
in historischer Entwickelung und für die Gegenwart in Stadt und Land

ISBN/EAN: 9783743600126

Hergestellt in Europa, USA, Kanada, Australien, Japan

Cover: Foto ©ninafisch / pixelio.de

Weitere Bücher finden Sie auf **www.hansebooks.com**

Das Verhältnis

zwischen

Geborenen und Gestorbenen

in

historischer Entwickelung

und

für die Gegenwart in Stadt und Land.

Von

Dr. Johannes Wernicke.

Jena,
Verlag von Gustav Fischer.
1889.

Inhalt.

	Seite
Einleitung	1
A. Quellen-Litteratur	5
I. Für die ältere Zeit	5
II. Für die neuere Zeit	6
B. Kritik des Materials	6
C. Methode	9

Kapitel I.
Das Mittelalter bis ca. 1620 11

1. Die Geburten	15
2. Die Sterbefälle	21
Zusammenfassende Darstellung der Ergebnisse	26

Kapitel II.
Das siebzehnte Jahrhundert 33

1. Die Geburten	36
2. Die Sterbefälle	38
Die Altersklassen	41

Kapitel III.
Das achtzehnte Jahrhundert 46

1. Die Geburten	50
2. Die Eheschliessungen	53
3. Die Sterbefälle	54
a. Die Sterbeziffer	54
b. Das Verhältnis der Gestorbenen zu den Gebornen	55
aa. Die Städte	55
bb. Dörfer und kleine Städte (Marktflecken)	56
cc. Länder und ganze Provinzen	56
dd. Ergebnisse der Tabellen	57

4. Das Verhältnis der Eheschliefsungen zu den Getauften 59
   a. Das Verhältnis der Getrauten zu den Getauften in den Städten 59
   b. Dasselbe Verhältnis in Dörfern und Marktflecken 60
   c. Dasselbe Verhältnis in Provinzen und ganzen Ländern 60
5. Das Alter der Gestorbenen 60

Kapitel IV.
Das neunzehnte Jahrhundert 66

I. Die Bevölkerungszunahme seit 1816 in verschiedenen
   Ländern 67
II. Die Bevölkerungsbewegung in Preufsen seit 1816. . . . 68
   1. Die Geburten 69
      a. In den Städten und auf dem Lande in Preufsen 70
      b. Nach den Nationalitäten 72
      c. Die verschiedenen Provinzen 72
      d. Eheliche und Uneheliche 73
         α. Die Städte 73
         β. Das platte Land 74
         γ. Die Konfessionen 74
      e. Lebend- und Totgeborne 74
   2. Die Sterblichkeit 76
      a. Die Sterbeziffer nach den Provinzen 78
      b. Die Sterbeziffer in den Städten und auf dem platten Lande . . 80
Übersicht über die Ergebnisse 87
   I. Die Geburten 87
   II. Die Sterbefälle 89

Einleitung.

Seit 1816 hat sich die Bevölkerung Deutschlands trotz des starken Abganges durch Auswanderung nahezu verdoppelt:
1816 — 24,8 Mill.
1885 — 46,8 „

Die Zunahme hat 9,28 $^0/_{00}$ betragen, während 1876—1885 der Überschufs der Geburtenziffer (38,2 $^0/_{00}$) über die Sterbeziffer (26,0 $^0/_{00}$) sich auf 12,2 $^0/_{00}$ stellte, somit war also das Verhältnis der Gestorbenen : Geborenen = 100 : 147.

Eine derartige konstante Vermehrung kann in den früheren Jahrhunderten nicht stattgefunden haben, sonst stiefsen wir auf den Nonsens, dafs im Jahre 1400 Deutschland ein Häuflein von 375 000 Bewohnern gehabt habe. Mit anderen Worten: das Verhältnis zwischen Gestorbenen und Geborenen mufs entweder immer, oder zeitweise höchst ungünstigen Einflüssen unterlegen haben.

Wie sich nun unter diesen Einflüssen obiges Verhältnis gestaltet hat, das zu untersuchen ist der Zweck dieser Arbeit. —

Dafs sich trotz aller Kulturentwickelung die menschliche Natur, soweit man sie hat historisch verfolgen können, nicht, was ihre Lebensäufserungen anbetrifft, verändert hat, diese Thatsache werden wir nur nach einer Seite hin bestehen lassen können:

die Menschen werden geboren und sterben. Aber die Art und Weise, in welcher sich diese Vorgänge vollziehen, das Mafs der Fruchtbarkeit und Sterblichkeit ist je nach Zeit und Ort verschieden.

Kann somit eine starre Konstanz der menschlichen φύσις wohl mit voller Sicherheit geleugnet werden, so dürfte wohl die in ein anderes Extrem auslaufende Behauptung Careys),[1] dafs mit zunehmender Intelligenz und stärkerem Verbrauch seiner Gehirn-Substanz der Mensch an Zeugungskraft verliere, durch die Thatsache der ungeminderten Geburten-Frequenz in dem gegenwärtigen Jahrhundert, sofern sie überhaupt einer Widerlegung bedarf, entkräftet sein. Diese Ansicht kann Carey nur aus der Beobachtung des Gegensatzes in der Kinderzahl der gebildeten und ungebildeten Familien, wie er allerdings in den Städten der Union fast so wie in Frankreich existiert, geschöpft haben.

Aber er verwechselte dabei natürliche und moralische (vielfach auch unmoralische) Ursachen. Eine Abnahme der Zeugungskraft würde nur aus einer physischen Degenerierung entspringen können; eine solche aber ist bisher statistisch aus den Geburtenverhältnissen noch nicht erwiesen.

Allerdings wird es niemand leugnen können, dafs eine hohe Kulturentwickelung vielfach ungünstige Einflüsse auszuüben im stande ist, aber es ist eben auch wieder ein Zeichen gesteigerter Kultur, dafs sie Mittel zu entdecken weifs, ihre eignen Schäden zu kompensieren.

Zwar ein Gebiet gibt es, auf dem die sanitäre Thätigkeit noch nicht den Sieg vollkommen errungen hat: das ist die Arbeiterfrage.

Ein grofser Teil unseres Volkes ist gezwungen, den Tag in Räumen zuzubringen, welche mit gesundheitsschädlicher Luft geschwängert sind. Und vielfach trifft es zu, dafs sie aus dieser Scylla am Abend in die Charybdis ihrer eignen Wohnung tauchen. Doch dies sind ja so allgemein aner- und bekannte Übelstände, dafs darüber des weiteren kein Wort zu verlieren ist.[2])

Ihrer Pflicht, hier einzugreifen und das Humanitätsprinzip auch auf diese Klassen auszudehnen, haben die Regierungen und die gesetzgebenden Körperschaften aller in Frage kommenden Kulturländer volles Verständnis entgegengebracht und das Feld dieser notwendigen Thätigkeit beschritten. Wenn man schliefslich als allgemeines Charakteristikum unserer Zeit eine Forcierung der Nervosität und ein Wachsen der Zahl der Geisteskranken behauptet hat, — als Folge der durch die Kultur und den Kampf ums Dasein gesteigerten Intensität der Arbeit —, so müfste der Beweis dafür erst erbracht

---

[1]) Carey wollte dadurch der Furcht vor Übervölkerung begegnen.
[2]) cf. Schönberg, Die gewerbliche Arbeiterfrage, im Handbuch II S. 567 ff. Tübingen 1885.

werden. Auf die breiteren Volksklassen wenigstens angewandt, schwebt eine solche Behauptung, die einer statistischen Stütze vollkommen entbehrt, bedenklich in der Luft.[1])

Während also den Gefahren einer Degeneration möglichst vorgebeugt wird, und von dieser Seite demnach eine Änderung der menschlichen Natur und die Abnahme der Zeugungsfähigkeit in Abrede gestellt werden mufs, bleibt auf der anderen Seite zur Erklärung des konstanten und bedeutenden Anwachsens der Bevölkerung, da sogar eine — allerdings ganz leise — Abnahme der Geburtenziffer während des 19. Jahrhunderts zu bemerken ist, nichts weiter übrig, als eine im Verhältnis zu der früherer Jahrhunderte verminderte Sterblichkeit.

Zwar müfsten die vielfachen Schäden einer höheren Kultur, wie sie oben kurz berührt sind, gerade auf die Erhöhung der Sterblichkeit hinwirken, wenn nicht Mafsregeln dagegen getroffen würden — und dafür wird immer mehr und mehr gesorgt.

Es wäre überflüssig, an diesem Orte auf alle die Einrichtungen hinzuweisen, durch welche man jenen Feinden des Menschengeschlechtes zu begegnen sucht.

Aber nicht nur das; auch diejenigen Elemente, die sich in früheren Jahrhunderten so verderblich bewiesen, sucht man, zum Teil mit Erfolg, zu eliminieren.

Solche sind: Hungersnot, ansteckende Krankheiten, Pest, langwierige Kriege etc.

Die Sterblichkeit wird also in erhöhtem Mafse der Gegenstand des Interesses bei den folgenden Untersuchungen sein.

Bis über das 18. Jahrhundert hinaus hat sich bis jetzt noch keine Untersuchung dieser Verhältnisse erstreckt.

Süfsmilch hat sein Material, das vielfach bis auf das 16. Jahrhundert zurückging, nur für sein, das 18., Jahrhundert bearbeitet.

Der Verfasser hat versucht, auf Grund des vorliegenden Materials, ein Bild des Geburts- und Sterbeverhältnisses vom Mittelalter bis

---

[1]) Die wachsende Zahl der Geisteskranken nach der statist. Erhebung kann nicht auf eine einzige Ursache zurückgeführt werden, sondern beruht auf einem Zusammenwirken ganz verschiedenartiger. In erster Linie kommt in Betracht die wachsende Zahl der Anstalten und Ärzte und damit die bessere Erhebung, sowie die verbesserte Gerichtspraxis — früher wurden alle Verbrecher als solche bestraft; jetzt versucht man auf die Motive zurückzugehen —; als einen der gewichtigsten Gründe der angenommenen Zunahme hat man den gesteigerten Alkoholkonsum hingestellt.

in die Gegenwart hinein festzustellen, soweit es die teils sehr unzureichenden Quellen gestatteten.

Für das Mittelalter standen dem Verfasser nur deutsche Quellen zu Gebote. Sollte die Arbeit aber den ihr gesteckten Rahmen nicht bei weitem überschreiten, so mufste für die neuere Zeit eine — und meines Erachtens natürliche — Beschränkung auf Preufsen statthaben. Zur Vergleichung sind dann die betreffenden Verhältnisse anderer Länder angezogen. —

Schliefslich kann ich es nicht unterlassen, an dieser Stelle meinem verehrten Lehrer, Herrn Prof. Dr. Conrad, für seine wohlwollende Anregung und Unterstützung meinen tiefgefühltesten Dank auszusprechen.

A. Quellen-Litteratur.

I. Für die ältere Zeit.

Süfsmilch, J. P., Die göttliche Ordnung in den Veränderungen des menschlichen Geschlechts. 4. Aufl. Berlin 1775.
Knapp, Ältere Nachrichten über Leipzigs Bevölkerung. (Aus: Mitteil. des statist. Büreaus der Stadt Leipzig. Leipzig 1872. S. 6.)
Kirchhof, Beiträge zur Bevölkerungsstatistik von Erfurt. (Mitteil. f. d. Geschichte und Altertumskunde von Erfurt.) Erfurt 1771.
Schmoller, 1. Die Strafsburger Tucher- und Weberzunft. Strafsburg 1879.
    2. Die historische Entwickelung des Fleischkonsums etc. (Tüb. Zeitschr. für Staatswissenschaften Bd. 27.) Tübingen 1871.
    3. Resultate der Bevölkerungsstatistik. Berlin.
Jastrow, Über die Volkszahl deutscher Städte im Mittelalter. Berlin 1886.
Bücher, Die Bevölkerung Frankfurts a/M. im 14. und 15. Jahrh. Basel 1886.
John, Geschichte der Statistik. Stuttgart 1884.
Hirsch, Die allgem. akuten Infektionskrankheiten etc. Stuttgart 1881.
Höniger, Der schwarze Tod. Berlin 1882.
von Bärensprung, Über die Folge und den Verlauf epidemischer Krankheiten. Halle 1854.
Rümelin, Bevölkerungslehre. Handbuch v. Schönberg.
von Inama-Sternegg, 1. Deutsche Wirtschaftsgeschichte 1. Bd. S. 514. Leipzig 1879.
    2. Österreichs Städtebuch. Teil II. Wien 1888.
    3. Dessen verschiedene statist. Abhandlungen, u. a. in der Wiener statist. Monatsschrift. XII. 1886.
Württemberg, Jahrbücher. I. 1848. Stuttgart.
Dieterici, Über die frühere und die gegenwärtige Bevölkerung der jetzigen Provinz Brandenburg. Mitteil. des stat. Büreaus Bd. III. 1850. Berlin.
Klinkmüller, Die amtliche Statistik Preufsens im vorigen Jahrh. Jena 1880.
Knapp, Theorie des Bevölkerungswechsels. Leipzig 1874.
Paasche, Rostocks Bevölkerung. Conrads Jahrb. f. Nat. u. Stat. N. F. Bd. 39. Jena.
Eheberg, Strafsburgs Bevölkerung. Conrads Jahrb. Bd. 41 u. 42. Jena.
Schönberg, Basels Bevölkerung. Conrads Jahrb. N. F. XI. Jena.

II. Für die neuere Zeit.

Dieterici, Handbuch der Statistik des preufsischen Staates. Berlin 1858—61.
Hoffmann, J. G., 1. Übersicht über die Geburten, neuen Ehen etc. Berlin 1843.
2. Sammlung kleinerer Schriften staatswirtschaftl. Inhalts. Berlin 1843.
3. Nachlafs kleinerer Schriften. Berlin 1847.
Wappäus, Allgemeine Bevölkerungsstatistik. Leipzig 1859—61.
von Fircks, Rückblick auf die Bewegung der Bevölkerung. Preufs. Statistik XLVIII. A. Berlin 1879.
Westergaard, Die Lehre von der Mortalität und Morbilität. Jena 1882.
Conrad, J., Beitrag zur Untersuchung des Einflusses von Lebensstellung und Beruf auf die Mortalitätsverhältnisse etc. Sammlung nationalökon. und statist. Abhandlungen des staatswissenschaftl. Seminars in Halle a/S. Jena 1877.
Körösi, Über den Einflufs der Wohlhabendheit und Wohnungsverhältn. auf Sterblichkeit etc. Budapest 1885.
Almquist, Über abnehmende Sterblichkeit etc. Zeitschrift für Hygiene v. Koch & Flügel Bd. IV H. 1. 1888.
Die verschiedenen Zeitschriften der statistischen Büreaus. Hier nicht angeführte, aber benutzte Arbeiten sind an den betreffenden Stellen angegeben.
Aufserdem s. das Litteraturverzeichnis bei Jastrow S. 213.

B. Kritik des Materials.

Für die Ermittelung des Verhältnisses zwischen Gebornen und Gestorbenen gibt es zwei Wege; erstlich periodische Volkszählungen und zweitens die Registrierung der Geburten und Todesfälle. Die Volkszählungen aber führen aus folgenden Gründen nicht zu demselben genauen Resultate wie die Registrierungen:
1. Die technische Durchführung bietet bei Volkszählungen an und für sich bekanntlich nicht geringe Schwierigkeiten, welche besonders in früheren Zeiten nicht unbeträchtliche Fehler veranlafst haben. Mochte man nun diese teilweise Unzulänglichkeit der Zählungen in früheren Jahrhunderten eingesehen oder eine genaue Ausführung für unmöglich gehalten haben, kurz, wir treffen vielfach auf überlieferte Zahlen, die mehr oder weniger den Charakter einer Abschätzung an sich tragen. Der Wert derselben für die Statistik könnte somit höchstens der bleiben, einen ungefähren Anhalt zu bieten.

2. In den Volkszählungen ist ein Moment enthalten, welches zur Berechnung der natürlichen Bewegung der Bevölkerung auszuscheiden ist, die Ein- und Auswanderung. Für grofse Länder, wie Deutschland z. B., dürfte dies Moment in früheren Jahrhunderten nicht wesentlich ins Gewicht fallen. Leider aber erstrecken sich die Volkszählungen, die wir aus jener Zeit besitzen, nur auf einzelne Städte oder kleinere Bezirke, wie z. B. Württemberg, Kurmark Brandenburg, und — über die Sefshaftigkeit unserer Altvorderen, wenigstens der unteren Kreise der Bevölkerung, darf man, wie wir sehen werden, sich keinen Illusionen hingeben. Wegen der sehr lebhaften Fluktuation der Bevölkerung würden daher Volkszählungen nicht völlig den Gang der Volksvermehrung widerspiegeln können.

Über die Stärke des Einflusses der Wanderungen aber fehlen jegliche Unterlagen.

Indes ist ja leider dafür gesorgt, dafs uns die Schwierigkeiten, welche ältere Volkszählungen uns bieten, zum grofsen Teil aus dem Wege geräumt sind, denn nur sehr wenige Beispiele sind auf uns gekommen.

Die weitaus wichtigste Quelle für unsere Untersuchung sind die Kirchenbücher. Aber es ist bis jetzt nur sehr wenig gethan, um die darin verborgenen Schätze zu heben. Und doch ist nach übereinstimmendem Urteile aller hier in Frage kommenden Autoritäten ein sehr grofser Reichtum an diesen alten Zeugen der Fruchtbarkeit und Sterblichkeit der Menschen noch vor dem Dreifsigjährigen Kriege vorhanden.[1]

Wir mufsten daher unsere Untersuchung in den durch das vorhandene Material gesteckten Grenzen halten.

Der gröfste Teil desselben ist in dem Süfsmilchschen Werke — „Die göttliche Ordnung etc. 1775 — im Anhang in Tabellenform enthalten, ist aber von Süfsmilch nicht für die ältere Zeit verwertet.

In neuerer Zeit sind noch einige Kirchenbücher publiziert, so von Kirchhof für Erfurt, von Knapp für Leipzig, von Götze für Stendal, so dafs unsere Untersuchung für das 16. Jahrhundert ca. auf 10 Städte sich erstreckt. —

Es handelt sich nun um die Frage nach der Glaubwürdigkeit dieser alten Zeugen.

---

[1] cf. Jastrow, Die Volkszählungen deutscher Städte etc. S. 140 ff. Berlin 1886.

Infolge von Knapps[1]) Bemerkung, dafs die Zahl der Geburten in Leipzig auf Genauigkeit erst von 1870 an Anspruch erheben dürfe, und von Jastrows[2]) Ausführungen, der zu den Getauften 5—7% hinzuschlagen zu müssen glaubt, um die volle Zahl der Geburten zu erhalten, hielten wir es für notwendig und auch der Mühe lohnend, uns selbst auf Grund eigner Anschauung ein Urteil darüber zu bilden. Verfasser hat daher zwei ältere Kirchenbücher — von der Moritzkirche in Halle a S. und der Petrikirche in Stendal — des genaueren durchgesehen, um Klarheit in diese Frage zu bringen. Das betreffende Kirchenbuch von der Moritzkirche in Halle — das Verzeichnis der Gestorbenen — enthält das Alter derselben von ca. 1667 an.

Von 1672—1702 (30 Jahre, einschliefslich des Pestjahres 1682), ist von 4725 Fällen das Alter festgestellt; dabei hat sich ergeben, dafs:

1. das Verzeichnis der Toten ganz genau geführt ist;
2. dafs die Totgebornen und Unzeitigen bei den Toten zur Aufzeichnung gelangt sind;
3. dafs dieselben einschliefslich des Pestjahres 1682 4,3 % aller Getauften, ohne das Pestjahr 4,1 % derselben betragen;
4. dafs das Verzeichnis der Getauften durchaus genau geführt ist, ja dafs Kinder, die nur 1—2 Stunden alt geworden sind, die Taufe — einige sogar von der Wehemutter — empfangen haben; —

dafs also die von Knapp und Jastrow erhobenen Bedenken für die Moritzkirche in Halle nicht zutreffen. Sogar für das Pestjahr 1682, in dem über 1400 gegen sonst 120 gestorben sind, sind die Aufzeichnungen ganz korrekt, wie besonders die Nachtragungen dazu beweisen. Auf die anderweitig daraus gewonnenen Resultate wird an dem betreffenden Ort eingegangen werden. — Nicht dieselbe Genauigkeit und Korrektheit hat das Kirchenbuch von St. Petri in Stendal aufzuweisen. Dasselbe geht bis auf ca. 1580 zurück, ist aber leider bis zum 18. Jahrhundert lückenhaft (so z. B. 1682—92 fehlt) und nicht detailliert geführt.

Altersangaben finden sich nur vereinzelt.

Dagegen sind die Angaben über die Totgebornen für einzelne Abschnitte m. E. korrekt gehalten, wofür auch der Umstand

---

[1]) Knapp, Altere Nachrichten über Leipzigs Bevölkerung, in den Mitteil. d. statist. Bür. d. Stadt Leipzig. 1872. S. 6.

[2]) Jastrow, Die Volkszahl deutscher Städte im Mittelalter S. 91 ff. 1886. Berlin.

spricht, dafs z. B. in der Periode von 1600—1623 6 ungetauft Begrabene verzeichnet sind.

Von 1600—1623 waren unter 857 Gebornen 38 Totgeborne, d. h. 4,4 %. während in Halle 1672—1503 es 4,3 % waren. Mit anderen Worten: auch in Stendal bleibt der Prozentsatz der Totgebornen weit unter der vermuteten Höhe, obwohl das Verhältnis der Gestorbenen : Geborenen = 100 : 102 ist.

Es liegt die Vermutung nahe, dafs auch die älteren Kirchenbücher anderer Städte mit gleicher Sorgfalt geführt sind, dafs auch aus ihnen der Prozentsatz der Totgebornen ermittelt werden könnte. Wenn auch auf Grund dieser beiden angezogenen Kirchenbücher es mir wahrscheinlich erscheint, dafs Jastrows und Knapps Ansichten etwas zu pessimistisch ausgefallen sind, so müfste doch zur definitiven Entscheidung noch mehr Material vorliegen.

Im Verlaufe des 18. Jahrhunderts erweitert sich die Grundlage, ganze Länder und Provinzen, sowie der Gegensatz zwischen Stadt und Land wird in den Kreis unserer Betrachtung gezogen.

Aber erst im 19. Jahrhundert, seitdem periodische Volkszählungen Hand in Hand mit den Registrierungen gehen, läfst sich die Fruchtbarkeit und Sterblichkeit auf die jeweilige Bevölkerung beziehen.

Seit 1816 also sind wir in der Lage, die uns geläufigen Geburts- und Sterbeziffern an die Stelle des nicht so geläufigen Verhältnisses zwischen Geburten und Gestorbenen zu setzen.

Doch hiermit sind wir schon bei der Frage nach der vom Verfasser befolgten Methode angelangt.

C. Methode.

Wenn auch der stetige und bedeutende Geburten-Überschufs in unserem Jahrhunderte seinen Hauptgrund in der verminderten Sterblichkeit hat, so wäre es doch sehr angebracht gewesen, wenn z. B. Westergaard in seinem Werke über „Mortalität und Morbilität, 1882" auch die Fruchtbarkeit wenigstens kurz gestreift hätte.

Kein Vorgang unseres Lebens ist ein in sich abgeschlossener Akt, jeder wirkt auf den anderen ein, so vor allem die Geburten auf die Todesfälle, und bis zu einem gewissen Grade umgekehrt. Eine hohe Geburtenziffer hat auch eine hohe Sterbeziffer zur Folge, und umgekehrt.[1]

Wenn z. B. Deutschland und Frankreich folgende Geburts- und Sterbeziffern aufweisen: d. h. Geburten-überschufs.

Deutschland: 1871/85 Gebz. 39,9 Sterbez. 28,2 + 11,7
Frankreich: 1877/85 ,, 26,3 ,, 22,4 + 3.9

so würde, nur die Sterbeziffer in Betracht gezogen, Frankreich bedeutend günstigere Sterblichkeitsverhältnisse aufzuweisen haben. Und doch ist die höhere Sterbeziffer in Deutschland hauptsächlich eine Folge der höheren Geburtsziffer, weil die Kindersterblichkeit einen bedeutenden Prozentsatz der Gesamtsterblichkeit ausmacht.

Aber gerade aus diesem Grunde gewähren die blofsen Geburtsund Sterbeziffern noch nicht einen tieferen Einblick in die Lebensverhältnisse eines Volkes. Bei der Sterblichkeit sind die Prozentsätze, welche die verschiedenen Altersklassen stellen, so verschiedene, dafs z. B. die Lebensdauer eines Volkes ohne Kenntnis jener gar nicht geschätzt werden kann.

Darum sind die Altersklassen, soweit das Material vorlag, mit berücksichtigt.

Schliefslich hielt der Verfasser es für notwendig, die Eheschliefsungsziffern in den Kreis der Betrachtung mit hineinzuziehen. Einmal, weil nur so die Fruchtbarkeit in klareres Licht tritt, und dann, weil die Eheschliefsungsziffer für frühere Zeiten an Stelle der Bevölkerungszahl die Reduktionsziffer bildet. —

In der Statistik ist eine möglichst einfache Berechnung von höchstem Werte. Diese schützt vor falschen Resultaten und erleichtert in hohem Mafse die Übersicht und Vergleichung.

Daher sind nur allgemein anerkannte und bekannte Verhältnisziffern — wie Geburts-, Sterbe-, Eheschliefsungsziffern [2] — zur Verwendung gelangt.

---

[1] cf. Wappäus, Bevölkerungsstatistik I S. 165. Leipzig 1859—1861.

[2] Die neuere Statistik versteht unter diesen Ziffern die auf 1000 Einwohner entfallenden Geburten, Sterbefälle und Eheschliefsungen.

Kapitel I.
Das Mittelalter bis ca. 1620.

Über der Quelle des Menschheitsstromes lagert undurchdringliches Dunkel.

Zwar die Staaten- und Kriegsgeschichte hat ihn weit zurück verfolgt. Aber die Bevölkerungsstatistik ist weit hinter ihr zurückgeblieben. Spuren und Nachrichten von Volkszählungen [1]) finden sich allerdings bei fast allen Völkern des Altertums, bei den Chinesen, Persern, Agyptern, Juden, Griechen und Römern, sowie später in England — cf. der Liber judiciarius seu censualis Wilhelmi I. regis Angliae 1083—1086 — [2]), aber — mit einer Ausnahme — gestatten uns dieselben keinen tieferen Einblick in das natürliche Anwachsen der Völker.

Diese Ausnahme bildet das jüdische Volk. Und da sie die einzige bis gegen das Ende des Mittelalters hin ist, und trotzdem, meines Wissens, kaum eine Beachtung mit Ausnahme des oben angezogenen Vortrages Engels gefunden hat, so möge sie hier Platz finden. Es handelt sich um die Volkszählung Israels beim Auszug aus Ägypten.

Nach der Bibel zog Jakob mit 70 Seelen nach Ägypten. Indes mußte diese Zahl, wie auch die Bibelkritiker annehmen, wegen der Gefahren des Zuges durch die Wüste etc. größer gewesen sein, etwa rund 200 (cf. 2. Mose 12, 34—40). Nach 430 Jahren verließen das Land „600 000 Mann zu Fuß ohne die Kinder" (cf. 4. Mose 1), und nach einjährigem Aufenthalt in der Wüste waren

---

[1]) cf. Engel, Die Volkszählungen. Zeitschrift des Kgl. Preuß. Statist. Büreaus Nr. 2 S. 27 ff. Berlin 1862.
[2]) cf. John, Geschichte der Statistik I S. 18 ff. Stuttgart 1884.

es 603 550 Krieger, Männer und Jünglinge über 20 Jahre, ohne 22 000 Leviten über 1 Monat alt; männliche Erstgeburten über 1 Monat waren im Volke Israel 22 373; von den Leviten befanden sich 8580 im Alter von 30—50 Jahren. Aus diesen Angaben nun läfst sich mit ungefährer Sicherheit berechnen, dafs die Gesamtzahl Israels ca. 1 800 000 betrug; dafs sie sich während der 430 Jahre in durchschnittlichen Perioden von 33 Jahren verdoppelte; dafs der Geburtenüberschufs demnach ca. 20—21 $^0/_{00}$ betragen hat.[1]) Dies ist allerdings ein bedeutender Zuwachs, wenn man die Länge der Periode bedenkt.

Für kürzere Zeit, 1816—1828, hat denselben aber auch die Provinz Preufsen erreicht:[2])

Geborene = 51,20 $^0/_{00}$
Gestorbene = 30,54 $^0/_{00}$
Überschufs = 20,66 $^0/_{00}$

In der Gegenwart beträgt der Überschufs im Kgr. Preufsen ca. 12 $^0/_{00}$.[3])

Ueber den Wert oder Nicht-Wert dieser Zahlen läfst sich schwer ein Urteil fällen. Jedenfalls wird das zuzugeben sein, dafs eine solche bedeutende Vermehrung in früheren Zeiten möglich gewesen ist.

Ja, eine solche wird direkt auch in der Bibel ausgesprochen (cf. 2. Mose 1, 6—7: „...... wuchsen die Kinder Israels und zeugten Kinder, und mehreten sich und wurden ihrer sehr viel, dafs ihrer das Land voll ward.") Und diese Eigenschaft scheint ein unverlierbares Erbteil des jüdischen Volkes zu sein.

Anm. Engel, in dem oben angeführten Vortrage, setzt die Volkszahl auf mindestens 1½ Mill. an.

Eine genaue Ermittelung derselben ist natürlich von vornherein unmöglich. Wollten wir die Konstruktion nach Analogie unserer heutigen Verhältnisse machen, so würde, da z. B. in Deutschland die Bevölkerung über 20 Jahre 55%, in Nord-Amerika 51% beträgt,[*]) sich eine Volkszahl von 2340000 ergeben.

Und diese Zahl möchte vielleicht der Wahrheit, wenn die 600000 Krieger über 20 Jahre eine verbürgte Zahl ist, näher kommen, als Engels Zahl.

---

[1]) cf. Engel a. a. O. S. 27.
[2]) cf. Preufs. Statistik XLVIII A. Berlin 1879. S. 19 und 52.
[3]) cf. Statist. Handbuch für den Preufsischen Staat Bd. 1 S. 128 u. 140. Berlin 1888.
[*]) cf. Rümelin, Bevölkerungslehre, in Schönberg. Tübingen, 2. Aufl. 1886, II S. 890.

In den Jahren 1841—1866 waren die Geburts- und Sterbefälle der preufsischen Juden folgende:[1])

	Geborne:	Gestorbene:	+ (Überschufs):
Juden:	34,7	18,9	15,8
Christen:	39,5	29,1	10,4

Die richtige Annahme, dafs das Menschengeschlecht, solange man es beobachten kann, sich in diesen physischen Akten nicht wesentlich verändert habe, sondern in Bezug auf dieselben von der jedesmaligen materiellen und sozialen Lage abhängig ist, findet durch dieses Beispiel volle Unterstützung. —

Von diesem verlornen Posten aus gilt es einen weiten Sprung bis gegen die Ausläufe des Mittelalters zu thun. —

Vor Beginn der Kirchenbücher (ca. 1500 in Augsburg) vermögen wir uns nur ein sehr lückenreiches Bild von den Bevölkerungsverhältnissen des Mittelalters zu gestalten.

In Bezug auf die Bevölkerungsgeschichte wird man das 16. Jahrhundert bis zum 30jährigen Kriege am besten zum Mittelalter hinzurechnen; dann ergeben sich zwei markante Grenzpunkte: der schwarze Tod 1348/49—1360 und der 30jährige Krieg 1618.

Nach Rümelin[2]) „mufs Europa im 12. und 13. Jahrhundert schon ansehnlich bevölkert gewesen sein; wenigstens lassen die Kreuzzüge mit ihren ungeheuren und stets wiederersetzten Menschenverlusten kaum eine andere Erklärung zu, als dafs eine überaus grofse Menge wanderlustiger und in der Heimat entbehrlicher Leute vorhanden war. Im 14. Jahrhundert soll der sogenannte „schwarze Tod" von 1347—1360 25 Mill. Menschen hinweggerafft haben,[3]) und man glaubt diese Zahl auf ein Dritteil der damaligen Bevölkerung Europas schätzen zu können".

Nach dieser schrecklichen Katastrophe aber scheint die Bevölkerung in Deutschland sich verhältnismäfsig schnell erholt zu haben.

In der zweiten Hälfte des 15. Jahrhunderts bietet Deutschland einen im ganzen erfreulichen Anblick. Überall treffen wir blühende Städte, entwickelten Handel, emporstrebende Gewerbe.

Die durch den schwarzen Tod erlittenen Verluste der Bevölkerung

---

[1]) cf. Preufs. Statistik XLVIII A. S. 65. Berlin 1879.
[2]) cf. Rümelin. Bevölkerungslehre, in Schönberg. Tübingen, 2. Aufl. 1886, II S. 923.
ebenso: Höniger, Der schwarze Tod in Deutschland S. 93. Berlin 1882.
[3]) Höniger a. a. O. S. 86.

— 14 —

scheinen[1]) mehr als ausgeglichen zu sein, und dieses Wachsen derselben nimmt zu bis zum Ende des 16. Jahrhunderts, trotz der unaufhörlichen Fehden. Kriege, Hungersnöte, Seuchen, Pest — letztere z. B. 1505, 1511, 1536, 1568, 1585, 1599, 1613 u. s. w. — Diese früher nur auf Grund der wirtschaftlichen Verhältnisse angenommene Volkszunahme hat in neuerer Zeit durch die S. 5 angeführten Untersuchungen über die Volkszahl deutscher Städte im Mittelalter wesentliche Stützen erhalten.

So ist auf Grund der aufgefundenen Heberollen, Bürgerbücher, Eidrollen etc. ziemlich sicher innerhalb geringer Fehlergrenzen ermittelt,[2]) dafs

Nürnberg im 15. Jahrh. 20 000, im 16. Jahrh. 45 000,
Danzig „ „ „ 16 000, „ „ „ 50 000,
Strafsburg „ „ „ 16 000, „ „ „ 30 000,
Berlin „ „ „ 10 000, „ „ „ 15 000,
Erfurt „ „ „ 20 000,
Stendal „ „ „ 10 000,
Augsburg „ „ „ 20 000

Einwohner gehabt haben.

Wenn nun, wie wir späterhin sehen werden, in den Städten zu jener Zeit im ganzen mehr starben, als geboren wurden, so ist ein Anwachsen derselben nur aus dem Zuzug teils vom Lande, teils aus kleineren Städten zu erklären — und dies bestätigen auch die vorhandenen Bürgerrollen. Auf dem Lande müssen demnach in nicht unbeträchtlicher Weise die Geburten die Todesfälle übertroffen haben, während es in den Städten umgekehrt der Fall war.

Für ein solches Anwachsen sprechen auch noch einige Stimmen aus jener Zeit:[3])

So schlägt Sebastian Frank von Woerd (1500—1544), um einer übermäfsigen Anschwellung des Volkes vorzubeugen, eine nach altgermanischen Prinzipien geregelte Auswanderung vor, während Hutten zu einem fröhlichen Türkenkriege, als bester Remedur, rät.

---

[1]) cf. Schmoller, Die historische Entwickelung des Fleischkonsums etc. (Tüb. Zeitschr. für Staatswissensch. Bd. 27 S. 343—359. Tübingen 1871.)
Jastrow a. a. O. S. 103.
Schmoller, Die Strafsburger Tucher- und Weberzunft S. 540—541. Strafsburg 1879.
Höniger a. a. O. S. 97.
[2]) cf. Jastrow a. a. O. S. 158.
[3]) cf. Jolles in Conrads Jahrbüchern Bd. 13 S. 190 ff. Jena 1886.

Gerade vom entgegengesetzen Gesichtspunkte aus zeugen für eine bedeutend stattgehabte Vermehrung der Bevölkerung „die gemeinen Stymmen der Münze um 1648", welche die dichte Bevölkerung Sachsens und den Wohlstand daselbst, als eine Folge jener, preisen. — Auch weist der Umstand, dafs im 30jährigen Kriege nachweislich in vielen Gegenden ganze Dörfer vom Erdboden verschwunden sind, auf eine nicht unerhebliche Bevölkerungsdichtigkeit Deutschlands vor dem 30jährigen Kriege hin.

Wenn Rümelin die Bevölkerung des damaligen Deutschlands um 1600 nicht unter 25 Mill. annimmt, so scheint mir diese Zahl durchaus nicht zu hoch gegriffen zu sein.

Wollte man danach einen Rückschlufs auf die Zeit vor dem schwarzen Tode thun, so würde man nicht allzuweit fehl gehen, wenn man die Kopfzahl der Bevölkerung Deutschlands 1347 auf 12—15 Mill. als Minimum festsetzt.

Natürlich macht dieser Versuch auf irgendwelche Zuverlässigkeit keinen Anspruch, indes glauben wir doch, dafs diese Zahlen zum ungefähren Anhalt dienen können. Wäre z. B. Deutschland 1347 von 15 Mill. bevölkert gewesen, wären 1360 noch 7—8 übrig gewesen, und würde die Bevölkerung um 1600 an 25—28 Mill. betragen haben, so würden wir einen Geburtenüberschufs von ca. 5—6 $^0/_{00}$ erhalten für die Zeit von 1360 bis ca. 1600.

Wir bemerken aber, um Irrtümern vorzubeugen, dafs diese Zahlen nur zu einer ungefähren Taxierung dienen können.

Nach diesen allgemeinen Ausführungen, die nur den Rahmen für das nun auszuführende Bild geben sollen, wollen wir das uns zu Gebote stehende Material nach den speziellen Fruchtbarkeits- und Sterblichkeitsverhältnissen hin einer näheren Prüfung unterziehen.

1. Die Geburten.

Bücher[1]) teilt aus der Rohrbachschen Familienchronik für das 15. und 16. Jahrhundert folgende Zahlen mit: In sieben aufeinander folgenden Generationen wurden 53 Kinder getauft, auf eine Ehe kamen danach 7,5 Taufen.

Leider ist dies nur ein vereinzelter Fall, aber viele Momente führen darauf hin, ihm eine allgemeinere Bedeutung zuzuschreiben.

Es ist eine wissenschaftlich anerkannte — und sich auch mit

---
[1]) cf. Bücher, Die Bevölkerung von Frankfurt a/M. im 14. und 15. Jahrh. S. 45—46. Basel 1886.

Notwendigkeit ergebende — Thatsache, dafs nach Epidemieen, in denen der Tod nicht blofs unter den Kindern, sondern auch ebensogut unter den Erwachsenen seine Ernte gehalten hat, mehr Ehen geschlossen und mehr Kinder geboren werden; Bärensprung[1]) sucht die Ansicht, dafs grofse Sterblichkeit die Fruchtbarkeit an und für sich steigere, zu widerlegen durch die Behauptung, dafs das Verhältnis der Gebornen zu den Lebenden durch die Reduzierung der Zahl der letzeren nur höher werde, nicht aber absolut. Indes hat er zur Widerlegung der herrschenden Ansicht kein genügendes Material herbeigebracht.

Es ist ja auch nichts natürlicher, als dafs in Zeiten, wo man fast mit Bestimmtheit den Verlust der Hälfte seiner Kinder erwarten mufste, eine hohe eheliche Fruchtbarkeit sehr erwünscht war; und dafs dieser Umstand einen thatsächlichen Einflufs auszuüben vermag, das beweisen ja die mit einer zahlreichen Kinderschar so häufig gesegneten Arbeiter-Familien, bei denen, wenn auch nicht gerade das Verlangen nach vielen Kindern, so doch wenigstens ein laisser faire in dieser Beziehung meistens vorherrschend ist. —

Ein klassischer Zeuge der vermuteten hohen Fruchtbarkeit jener Zeit ist der Chronist Conrad Stolle[2]) um die Wende des 15. Jahrhunderts. Derselbe schreibt: „Es was auch selden eyn par volks, sye hatte 8, 9 oder 10 kindere."

Auch Bücher[3]) betont es nachdrücklich, dafs der, welcher sich mit Forschungen über den Verbleib mittelalterlicher Geschlechter etwas genauer befafst hat, immer auf eine grofse Fruchtbarkeit der Ehen gestofsen ist, — aber trotzdem stürben die Geschlechter bald aus; in Frankfurt a M., Nürnberg, Basel, Rostock hat man eine gegen die für damals angenommene Fruchtbarkeit lebhaft kontrastierende geringe Kinderzahl gefunden, höchstens 1—2 auf einen erwachsenen Bürger, eine Erscheinung, die nur, durch sehr hohe Kindersterblichkeit zu erklären ist. — Doch darüber weiter unten.

Einen Beleg für die geringe lebende Kinderzahl liefert v. Inama-Sternegg[4]) unter Anführung der Quellennachweise:

---

[1]) v. Bärensprung, Über die Folge und den Verlauf epidemischer Krankheiten S. 43. Halle 1854.
[2]) cf. Kirchhof, Beiträge zur Bevölkerungsstatistik von Erfurt. 1871. (Mitteil. f. d. Geschichte und Altertumskunde v. Erfurt, 5.) Erfurt.
[3]) cf. Bücher a. a. O. S. 46 ff.
[4]) v. Inama-Sternegg, Deutsche Wirtschaftsgeschichte. Wien 1879. 1 Bd. S. 514.

Ehepaare:	Kinder:	Aufserhalb der Ehe Lebende:			Leibeigne:
		männl.	weibl.	Kinder:	
326	801	250	159	345	75

Danach kommen auf 1 Ehepaar 2,4 Kinder. Unter den aufserhalb der Ehe Lebenden sind jedenfalls Ledige, Verwitwete, Geschiedene, deren Kinder, uneheliche, Waisenkinder zu verstehen.

Diese allgemein gewonnene Ansicht von einer hohen ehelichen Fruchtbarkeit als typisch fürs Mittelalter zu beweisen, ist nun allerdings noch nicht gelungen, und es ist fraglich, ob es jemals möglich sein wird.

Wenn der Verfasser trotzdem sich ebenfalls zu derselben bekennt, so ist er sich doch sehr wohl bewufst, dafs dieselbe der statistischen Sicherheit vollkommen entbehrt.

Gleichwohl würde ein gegenteiliger Zustand allen unseren Erfahrungen und Beobachtungen auf diesem Gebiete zuwiderlaufen.

Zu einem sicheren Anhalt für die Geburtenfrequenz fehlt eben die Reduktionsziffer, die Volkszahl. Zwar reichen verschiedene Kirchenbücher in diese Periode hinein, —

	Leipzig 1517,	Augsburg 1501,
Barfüfser Kirche	Erfurt 1573,	Halle, teilweise bis 1580 ca.,
	Iglau 1593,	Strafsburg 1564,
	Guben 1587,	Dresden 1617,
	Breslau 1555,	London 1601,
	Danzig 1601,	Freiberg 1617, —

aber da wir die Zahl der Bevölkerung nicht kennen, läfst sich eben kein sicherer Schlufs auf die Fruchtbarkeit ziehen.

Die Berechnungen, welche in neuester Zeit Bücher über die Volkszahl von Frankfurt, Schönberg über die von Basel, Eheberg über die von Strafsburg, Paasche über die von Rostock etc. angestellt haben, mögen für eine ungefähre Veranschlagung der Kopfzahl jener Städte ausreichen, indes als Grundlage für Reduktionsziffern reichen sie nicht aus. Denn fast immer haben Verhältnisse des 19. Jahrhunderts zur Rekonstruktion herangezogen werden müssen, so dafs ein circulus vitiosus unvermeidlich wäre. Und dann beziehen sich diese Berechnungen grofsenteils immer nur auf einzelne Jahre.

Auch der Versuch Ehebergs, über Strafsburg die Bevölkerungsziffern für längere Perioden zu rekonstruieren, ist ein sehr gewagter, wie Jastrow a. a. O. S. 66 ff. ausführlich nachweist. Um so mehr muſs es daher wunder nehmen, wenn Jastrow[1]) die überlieferte wirkliche Volkszählung von Freiberg — anno 1626 — in einer Anmerkung mitteilt, ohne sie zu benutzen.

Nach Gerlach[2]) ist eine, allerdings später angefügte Notiz über eine Zählung in Freiberg vorhanden, des Wortlauts: „Im Jahre 1599 wurden alle in allem 12 248, im Jahre 1626 aber jung und alt in und für der Stadt 10 022 Personen gezählt."

Über die Glaubwürdigkeit dieser Notiz läſst sich natürlich nichts sagen. Aber sie wird durch folgende Vergleichung sehr wahrscheinlich:

In Freiberg[3]) wurden 1617—30
5676 getauft,

also pro Jahr durchschnittlich 405. Danach erhielten wir nach der Zählung von 1626 eine Geburtsziffer von 40 %/_{oo}, eine Ziffer, die mit unseren Anschauungen über die Verhältnisse jener Zeit durchaus harmoniert.

1876—85 war die Geburtsziffer Freibergs 37,9 $^o/_{oo}$.

Auch stimmt sie genau mit der Ziffer überein, die Süſsmilch[4]) für kleinere Städte berechnet — 40,4 $^o/_{oo}$.

Wenn man, die Richtigkeit der Zählung angenommen, diese gefundene Geburtsziffer auf andere Städte übertragen will, so könnte es allerdings nur auf solche von derselben Gröſsen-Kategorie zulässig sein. Indes möchte ich, solange dieser Fall noch der einzige ist, von einer allgemeineren Anwendung der Ziffer absehen.

Da, wie gesagt, für andere Städte die Bevölkerung nicht genau zu ermitteln ist, so bleibt nur ein anderes Verhältnis übrig, das einen ungefähren Anhalt für die Geburtenfrequenz abgibt das Verhältnis der Getrauten zu den Getauften. In Augsburg[5]) schwankt dasselbe von 10 : 25 (1537—1546) bis zu
10 : 45 (1518—1520). Nur einmal geht es unter 10 : 30 herunter, während es dreimal über 10 : 40 steigt (1518—1520; 1522—1531; 1565—1570). Während des Zeitraumes von 1501—1622 beträgt das Verhältnis im Mittel 10 : 35.

[1]) cf. Jastrow a. a. O. S. 153.
[2]) Gerlach, Kleine Chronik von Freiberg. Freiberg 1876. S. 82.
[3]) cf. Süſsmilch, Die göttliche Ordnung. Berlin 1775. I. Sammlung der Tabellen S. 55.
[4]) Ders. a. a. O. S. 105 ff.
[5]) Ders. a. a. O. S. 87.

Für Leipzig[1]) stellt sich das Verhältnis für die Jahre 1595 bis 1609 bedeutend niedriger, auf 10 : 28, während es in Augsburg 10 : 36 (1593—1612) betrug.

In Stralsburg[2]) finden wir dasselbe wie in Leipzig:
1564—1600 = 10 : 28,
1601—1633 = 10 : 29, während Dresden[3]) 1617—20 ein solches von 10 : 35, 1621—25 = 10 : 38, 1626—30 = 10 : 41 aufweist.

Nach dem Register der Barfüfserkirche in Erfurt[4]) verhielten sich 1573—80 Getraute zu Getauften wie 10 : 35,8, und in Iglau[5]) 1593—1616 wie 10 : 36.

Danach erscheint das Verhältnis 10 : 35 dasjenige, nach welchem alle gravitieren.

Zum Vergleiche mögen einige Ziffern der Gegenwart dienen:

In den 81 Städten Preufsens[6]) über 20000 Einwohner war 1886 das Verhältnis 10 : 38, in allen Städten Preufsens[7])
1867—86 10 : 41, während es im ganzen Staate[8])
10 : 46,
1881—85 10 : 47 betrug.[9])

In den Städten belief sich die Lebendgebornen-Ziffer[10]) 1886 auf 35,9 %, die Trauungsziffer auf 9,1 %.

Wenn die obige Freiberger Zählung richtig ist, so erhielten wir für 1626 dort eine Trauungsziffer von 9,7 % — die Trauungen sind seit 1617 in Freiberg[11]) ebenfalls erhalten —, während sich Trauungen zu Taufen 1617—30 dort verhielten wie 10:41.

---

[1]) cf. Süfsmilch a. a. O. S. 30. I. Tabellen und Knapp, Ältere Nachrichten über Leipzigs Bevölkerung (Mitteil. d. statist. Bür. d. Stadt Leipzig. H. 6. 1842) S. I—XXVI, 1—20. Leipzig.
[2]) Jastrow a. a. O. S. 67.
[3]) Süfsmilch a. a. O. I. Tab. S. 28.
[4]) Kirchhof, Beitr. zur Bevölkerungsstat. v. Erfurt. Erfurt 1871. (Mitteil. f. d. Gesch. v. Erfurt, 5.)
[5]) v. Inama-Sternegg, Österreich. Städtebuch, II. Iglau. Wien.
[6]) Preufs. Statistik XCIV. Berlin 1888. S. 12 und 111.
[7]) Dies. S. 12.
[8]) Statist. Handbuch des Preufs. Staates. Berlin 1888. I. Bd. S. 128 und 134.
[9]) Diese Verhältnisse sind aus dem unverarbeiteten Rohmaterial ausgezogen; da sie in den letzten Jahren sehr gleichmäfsig waren, so waren längere Durchschnitte nicht nötig.
[10]) Preufs. Statistik a. a. O. S. XII.
[11]) Süfsmilch a. a. O. I. Tab. S. 55.

Nun aber ist noch ein Moment zu berücksichtigen, das wir bis jetzt aufser Betracht gelassen haben.

In früheren Jahrhunderten zeigte die Bevölkerung insofern eine andere Gestaltung wie die in der Gegenwart, als die Klöster und die Geistlichkeit einen nicht unbedeutenden Prozentsatz der Bevölkerung ausmachten. Da dieselben nun im grofsen und ganzen den unfruchtbaren Teil des Volkes vermehrten, so bildeten sie einen die Bevölkerungsvermehrung reduzierenden Faktor.

Ferner darf man den Umstand nicht übersehen, dafs die Kirchenbücher nur die Bevölkerungsbewegung der Evangelischen enthalten.

Ein solches Beispiel liefert Kirchhof in seiner Arbeit über Erfurt S. 86. Er hat eine Volkszählung aus dem Jahre 1632 daselbst entdeckt. Obwohl dieselbe schon mitten in den 30jährigen Krieg hineinfällt, so liegt sie doch unserer Periode nicht so fern, dafs sie nicht wenigstens einen Fingerzeig für die frühere Zeit abgeben könnte: „Mit Abzug der Fremden und Soldaten" wurden 1632 in Erfurt 13 593 Seelen gezählt.

Nun ist bekannt, wie schwierig eine Volkszählung in damaliger Zeit überhaupt zustande zu bringen war, noch dazu aber in einer mit Besatzung und Flüchtigen angefüllten Stadt. Wenn daher Jastrow S. 65 die gefundene Reduktionsziffer als unsicher und höchst wahrscheinlich als zu niedrig ansieht, so wird dem schwer etwas zu entgegnen sein.

Indes hier kommt es uns nur darauf an zu zeigen, wie der Versuch, auch die Katholiken mit in die Rechnung hineinzuziehen, gemacht ist.

Bei 491 evangelischen Taufen findet Kirchhof eine Geburtsziffer von 37 $^0/_{00}$; mit Einrechnung der Katholiken, die er auf 5 % ermittelt, aber eine solche von 38,5 $^0/_{00}$ — mit Ausschlufs der Totgebornen.

Diese Geburtsziffer würde, wofern die Zählung einigermafsen sicher wäre, mit der obigen Freiberger nicht wesentlich disharmonieren.

In betreff der unehelichen Geburten ist uns eine Notiz von sehr beschränktem Umfange zugänglich gewesen.

Nach Kirchhof[1] betrugen in der Barfüfsergemeinde 1573—80 die unehelichen 2 % der ehelichen. In welchem Verhältnis dazu Luthers[2] Auslassung: „ein Männlein von 20 Jahren und ein

---

[1] Kirchhof a. a. O. S. 110.
[2] Luther, Sermonen vom Ehestande.

Fräulein von 18 Jahren sollen heiraten. Gott macht Kinder, der wird sie wohl auch ernähren", steht, läfst sich daher nicht beurteilen.

2. Die Sterbefälle.

Bei weitem günstiger ist unsere Kenntnis der Sterblichkeit im Mittelalter gestellt.

Es ist fast eine Ausnahme, wenn eine Chronik nicht von einem grofsen Sterben zu berichten weifs. Ja, es scheint sich im Bewufstsein unserer damaligen Altvordern die Anschauung herausgebildet zu haben, dafs ein periodisch wiederkehrendes grofses Sterben ein notwendiger Faktor des menschlichen Lebens sei. Conrad Stolle,[1] ca. 1490, wenigstens wundert sich, dafs es diesmal länger auf sich warten lasse.

Nach Bärensprung,[2] der den Verlauf epidemischer Krankheiten auf Grund von sieben Chroniken etc. historisch verfolgt, läfst sich von 1000—1625, neben dem Grassieren von allen möglichen Krankheiten, eine 45 malige Wiederkehr eines gröfseren Sterbens feststellen; durchschnittlich also wütete alle 13 Jahre ein gröfseres Sterben, das sich oft jahrelang hinzog und vielfach durch ganz Europa wie ein Würgengel ging. Die Zahlen, welche davon überliefert sind, beruhen zum gröfsten Teil nur auf Schätzungen, aber sie bringen das Entsetzliche jener Plagen voll zum Ausdruck.

Während des 16. Jahrhunderts sind danach blofs an jenen Epidemieen in Halle, wie überliefert ist, 28231 Menschen gestorben, während z. B. 1601—1700 dagegen ca. 35000 Kinder getauft wurden.

Bücher, Die Bevölkerung von Frankfurt a/M., 1886, S. 46, teilt zum Beweise der hohen Sterblichkeit, besonders bei Kindern, interessante Daten aus der Rohrbachschen Familie von 1400—1570 mit: Von den 9 Kindern, die während des 15. Jahrhunderts pro Ehe geboren wurden, erreichten das Alter von Erwachsenen 3,2 = 35,5 %.

Nun ist allerdings aus der Angabe, dafs 35,5 % „ihre Väter überlebten", — Genaueres hat Bücher nicht ermittelt — nichts Bestimmtes zu erschliefsen; dafs sie aber zum mindesten das 15. Jahr erreicht haben, wird man wohl annehmen dürfen. Wenn wir dieses Resultat mit den „Beobachtungen Joh. Graunts"[3] auf Grund der

---

[1] Stolle, Conrad, bei Kirchhof a. a. O. S. 113.
[2] v. Bärensprung, Über die Folge und den Verlauf epidemischer Krankheiten. Halle 1864. S. 4—12.
[3] cf. John, Geschichte der Statistik. Stuttgart 1884. I. S. 161.]

Sterbelisten Londons von 1603 an vergleichen, so ist eine annähernde Übereinstimmung ersichtlich.
Von den Gebornen starben nach Graunt:
im 0—5. Jahre 36%
„ 6—15. „ 24%
„ 16—25. „ 15%, d. h. das 15te Jahr erreichten 40% aller Geborenen, wenn nur die gewöhnliche Sterblichkeit — Pesten etc. ausgeschlossen — zu Grunde gelegt wurde; das 25. Jahr aber nur 25%. Würde man nun „das Überleben des Vaters" bis ins 25. Jahr der Gebornen — in der Rohrbachschen Familie — verlegen, so würden danach in London bei gewöhnlicher Sterblichkeit 10,5% weniger zu dem Alter von 25 Jahren gelangt sein.

Auch dieses Resultat ist nicht unwahrscheinlich. Bücher hebt selbst hervor, dafs die Rohrbachsche Familie eine wohlhabende gewesen ist, und vermutet daher mit Recht, dafs bei der Bevölkerung im ganzen die Sterblichkeit gröfser gewesen ist. Die ärmere Bevölkerung ist ja durch ihre gröfstenteils sehr ungesunden Wohnungen, unrationelle Lebensweise und viele andere damit zusammenhängende Ursachen für eine gröfsere Sterblichkeit, namentlich im Kindesalter, auch heute noch prädestiniert, wie wir an späterer Stelle sehen werden.

Dafs dieser Einflufs der Wohlhabenheit auf die Sterblichkeit auch in den früheren Jahrhunderten geherrscht hat, läfst sich allerdings statistisch nicht nachweisen, aber die zeitgenössischen Schriftsteller erwähnen fast regelmäfsig, dafs besonders die unteren Schichten des Volkes hart mitgenommen sind (s. bei Höniger, Der schwarze Tod. Berlin 1882 S. 87 und bei Hirsch, Die allgemeinen akuten Infektionskrankheiten vom hist.-geogr. Standpunkte aus. Stuttgart 1881. 2. Aufl. S. 369). Die Anhäufung von Schmutz in den Häusern und Strafsen, die mangelhafte Beseitigung von Fäkalmassen etc. wird als wesentlichstes Förderungsmittel der Seuche bezeichnet, und diese Übelstände machten sich besonders bei den ärmeren Volksklassen geltend.[1]) So z. B. scheinen mir auch zwei Stellen in der hallischen und der halberstädtischen Chronik[2]) darauf hinzudeuten, indem sie hervorheben, „dafs auch besonders viel grofse Herren und vornehme Leute starben" (anno 1032), und

---
[1]) cf. auch Westergaard, Die Lehre von der Mortalität und Morbilität. Jena 1882. S. 206 ff.
[2]) cf. v. Bärensprung a. a. O. S. 4 und 7.

„dafs viele Menschen, Arme und Vornehme, hingerafft wurden" (anno 1406). — Lassen wir nun die stummen und doch so beredten Zeugen jener Zeit, die Kirchenbücher selbst, reden. Da hier in derselben Weise wie bei der Geburten-Frequenz sich der Mangel der uns geläufigen Reduktionsziffer (das Tausend der Bevölkerung) geltend macht, so müssen wir uns in der Hauptsache — mit 2 Ausnahmen — auf das Verhältnis der Sterbefälle zu den Geburten beschränken. Und dies ist auch der Grund, warum das Thema unserer Untersuchung obigen Wortlaut erhalten hat.[1])

In Freiberg wurden 1617—30 jährlich 497 Tote gezählt, die Bevölkerung betrug 1626 10 022 Seelen. Da die Zählung von 1626 zwischen 1617 und 1630 fällt, so wird man die Bevölkerung von etwas über 10 000 wohl als Mittel annehmen dürfen, zumal da nach einer anderen uns erhaltenen Volkszählung von 1599 die Bevölkerung auf 12 248 Seelen angegeben wird. Danach erhielten wir — jene Zählungen natürlich nur annäherungsweise als richtig angenommen — eine Sterbeziffer von 49,5 %, während die Geburtsziffer in demselben Zeitraume 40 % betrug.

Nach der von Kirchhof zu Grunde gelegten Volkszählung in Erfurt aus dem Jahre 1632 berechnet derselbe mit Einrechnung der Katholiken eine Sterbeziffer für das Jahr 1632 von 60,9 % gegen eine Geburtsziffer von 38,5 %. Aber diese Ziffern können und sollen, wie schon mehrfach bemerkt, nicht den Anspruch auf unumstößliche Gültigkeit machen, sondern nur einen beachtenswerten Fingerzeig geben für die Beurteilung der damaligen Verhältnisse.

Diese aufserordentlich hohe Sterblichkeit ist aber nicht die normale oder durchschnittliche, sondern durch die während des Zeitraumes von 1625—36 fast unaufhörlich grassierenden Epidemieen veranlafst. Durch günstige Jahre, welche die Pestjahre ablösten, wurde die durchschnittliche Sterblichkeit heruntergedrückt — wohlgemerkt, es ist hier nur von den Städten die Rede. —

So wurden in Augsburg[2]) von 1501—1622
206 049 geboren, während
236 607 starben. Es betrug somit der
Überschufs der Gestorbenen über die Geburten 30 557.

---

[1]) Wo es aber möglich ist — und seit 1816 ganz allgemein —, die gemeinsame Reduktionsziffer zu benutzen, ist dies geschehen.

[2]) cf. Süfsmilch, Die göttliche Ordnung. Berlin 1775. I. Anhang; ebenda für Breslau und Leipzig, London, Dresden.

Das Verhältnis von Gestorbenen zu Gebornen im jährlichen Durchschnitt betrug sonach 100:87, d. h. 13 % starben mehr als geboren wurden.

In Breslau war dies Verhältnis noch ungünstiger: In den 70 Jahren von 1555—1624 starben jährlich 19,7 % mehr als geboren wurden. (100:80,8; Gestorbenenüberschufs 20 449.)

Fast dasselbe Verhältnis treffen wir in Leipzig 1595—1609: 100:80,2, während es in Danzig 1601—1623 sogar auf 100:46,6 sinkt, hingegen in London 1601—30 auf 100:92 sich stellt. Strafsburg[1]) erreicht dies Verhältnis nicht ganz mit 100:89 in der Periode von 1564—1633; die begünstigste Stadt, Iglau[2]), erzielt das Verhältnis 100:95,6 in den Jahren 1593—1616.

Nach dem Kirchenbuch der St. Petri-Kirche in Stendal verhielten sich in dem Zeitraum von 1582—1619 die Gestorbenen zu den Gebornen wie 100:72,9. Von allen Städten, deren Kirchenbücher mir zur Kenntnis gekommen sind, ist Dresden die einzige, die sich lichtvoll von dem dunkeln Hintergrunde abhebt. Hier gestaltete sich das Verhältnis wie 100:122 in der Periode von 1617—1630.

Es wird angebracht sein, über diese Verhältnisse eine tabellarische Übersicht zu geben:

Laufende Nr.	Periode.	Stadt.	Gestorben : Geboren.	Jährlicher Durchschnitt der Gebornen.	Getraute : Gebornen.
1	1617—1630	Dresden	100 : 122	541	1 : 3,8
2	1593—1616	Iglau	100 : 95,6	890	1 : 3,6
3	1564—1633	Strafsburg	100 : 89	959	1 : 2,85
4a	1501—1622	Augsburg	100 : 87	1668	1 : 3,5
4b	1571—1622	Augsburg	100 : 85	1592	1 : 3,7
5	1617 - 1630	Freiberg	100 : 81,4	405	1 : 4,1
6	1555—1624	Breslau	100 : 80,8	1196	
7	1595—1609	Leipzig	100 : 80,2	441	1 : 2,8
8	1582—1619	Stendal (Petri)	100 : 72,9	337	
9	1601—1623	Danzig	100 : 46,6	1826	
In den Städt. Preufsens:[3])			(1880—86)100:135[1])		1 : 3,9
In Dresden, Breslau, Leipzig, Augsburg 1887:			100 : 128		

[1]) cf. Jastrow, Die Volkszahl deutscher Städte. Berlin 1886. S. 67.
[2]) Österreichisches Städtebuch, II. Iglau. Wien 1888.
[3]) cf. Preufsische Statistik XCIV. Berlin 1888. S. XII, 16 u. 109.

Diese Tabelle umfafst augenscheinlich viel zu wenig Material, um daraus weitergehende Schlüsse ziehen zu lassen. Wir müssen uns damit begnügen, über die Verhältnisse obiger Städte zu urteilen, und können höchstens auf Grund der erhaltenen Nachrichten über die Pestepidemieen etc. eine Analogie in den übrigen Städten für wahrscheinlich halten.

Dabei aber können wir nicht unterlassen, auf einen Fingerzeig aufmerksam zu machen, den uns die obige Tabelle zu geben scheint. Zwar mufs ich die Mifslichkeit, obige Städte in einer Tabelle zusammen zu stellen, vollkommen zugeben, denn die Beobachtungsperioden sind verschiedener Zeit entnommen. Aber trotzdem scheinen mir die Ergebnisse darauf hinzuzielen, dafs auch damals schon in den gröfseren Städten — ungefähr der Höhe der Gebornen entsprechend — die Sterblichkeit eine höhere war als in den kleineren, und dies um so mehr, je mehr infolge Anwachsens der Bevölkerung der Raum beschränkter wurde.[1]

Die hier charakterisierte Sterblichkeit war die im gröfseren Durchschnitt. Sie wurde bewirkt durch die immer und immer wiederkehrenden Seuchen, die durchschnittlich alle 13 Jahre verheerend auftraten. Daneben aber grassierten Krankheiten aller Art, denen gegenüber die damals als Quacksalberei betriebene ärztliche Kunst machtlos war. Liefsen die Epidemieen nach, so herrschten kurze Zeit günstigere Sterblichkeitsverhältnisse, die teilweise gleich denen in unserm Jahrhundert sind, oder auch manchmal noch darüber hinausgehen.

Folgende Tabelle (die Sterbefälle = 100 gesetzt) möge dieselben veranschaulichen:

Stadt.	1532—34	1537—46	1556—67	1569—71	1578—84	1601	1612	1614
Iglau						100 : 151	100 : 160	100 : 155
Augsburg	100 : 135	100 : 112						
Danzig					100 : 144			
Breslau			100 : 117	100 : 114	100 : 119			

[1] Darüber s. Jastrow a. a. O. S. 56 ff. Danach ist das Abvermieten im Mittelalter schon gäng und gebe gewesen. In Rostock wohnte schon im Anfang des 16. Jahrh. die Hälfte der Bevölkerung zur Miete.

Den anscheinenden Widerspruch zwischen dem auftretenden Raummangel

Abgesehen von den beiden Angaben Büchers und Inama-Sterneggs (s. a. a. O. S. 45 und 76), welche nach ihrer eignen Meinung auf eine hohe Kindersterblichkeit schliefsen lassen, stand dem Verfasser kein Material zur Beurteilung der Kindersterblichkeit zu Gebote. Erst für die nächste Periode liegt solches vor.

Zusammenfassende Darstellung der Ergebnisse.

Am Ausgang des Mittelalters bis in den Anfang des 30 jährigen Krieges hinein herrscht, hervorgerufen durch die periodisch wiederkehrenden Seuchen und Krankheiten, eine sehr hohe Sterblichkeit. In den 8 Städten, deren Verhältnisse wir oben auf Grund der Geburts- und Sterbelisten statistisch verfolgt haben, wurden in der Beobachtungsperiode mehr Todesfälle konstatiert als Geburten. An dieser hohen Gesamtsterblichkeit mufs die Kindersterblichkeit in hervorragendem Mafse beteiligt gewesen sein.

Natürlich gelten unsere Betrachtungen nur von den Städten des Mittelalters, da über die Dörfer mit Ausnahme der dürftigen Angabe bei Inama-Sternegg („Deutsche Wirtschaftsgeschichte". Leipzig 1879. I. Bd. S. 514) kein Material vorliegt.

Welche Konsequenzen mufs nun eine solche Sterblichkeit, wie sie nach dem schwarzen Tode ihren Höhepunkt [1]) besonders im 16. Jahrhundert fand, in Bezug auf die übrigen Bevölkerungsverhältnisse gehabt haben?

Es giebt nur zwei Möglichkeiten, entweder ist die höhere Sterblichkeit durch andere Faktoren kompensiert, so dafs das Ansehen und die Zusammensetzung der Gesellschaft sich nicht wesentlich von dem gegenwärtigen Zustande unterscheidet, oder aber die Sterblichkeit bildet einen so wesentlichen Faktor in dem Gesamtleben,

---

und der häufig wiederkehrenden Angabe von „wüsten Stellen" löst Jastrow S. 60 auf folgende Weise: Damals, wo ein Stadtbrand zu denjenigen Dingen gehörte, die, von Zeit zu Zeit wiederkehrend, Schicksal und Ansehen jeder Stadt wesentlich beeinflufst haben; wo das Versicherungswesen nicht existierte; wo häufig die Betroffenen mit dem Hause ihr Hab und Gut verloren; damals zogen es die Verarmten vor, den Pflug über die wertlos gewordene Stätte zu ziehen und in den stehen gebliebenen Häusern ein Unterkommen zu suchen — daher Raumverschwendung in Äckern oder Gärten und dabei ein enges Zusammendrängen im Innern der Häuser.

[1]) cf. v. Bärensprung a. a. O. S. 9.

dafs ihre Höhe oder Niedrigkeit auch qualitative Unterschiede bedingt.

Betrachten wir die **Folgen** einer hohen Sterblichkeit, und eine solche ist dieselbe im Mittelalter im Vergleich zu derjenigen des 19. Jahrhunderts — nach obigen Ausführungen — gewesen.

In welchen Proportionen die verschiedenen Altersklassen wirklich zu der Sterblichkeit beigesteuert haben, darüber Aufklärung zu geben, mufs einer späteren Arbeit vorbehalten bleiben.

Wir können nur so viel mit Sicherheit behaupten, dafs gerade das zarte Alter die geringste Widerstandsfähigkeit gegen die dem Menschen feindlichen Elemente aufzuweisen hat.

Diese Beobachtung macht schon **Halley:**[1] „Vom 6. Jahre an nimmt die Festigkeit des Körpers zu und die Sterblichkeit in gleichem Verhältnisse ab."

Etwas anderes aber ist es mit den verheerenden Seuchen. Leider sind die darüber erhaltenen Angaben viel zu dürftig, und dann wieder so allgemein gehalten, dafs über den Tribut, den die einzelnen Altersklassen dem Herrscher Tod zollen mufsten, bisher nichts Positives ermittelt ist.

Spangenberg,[2] in der Mansfeldischen Chronik, berichtet, dafs an der Pest 1404 viele Menschen, jung und alt, starben.

Zur Beantwortung dieser Frage hat Verfasser das Pestjahr 1682 nach dem Kirchenbuche der St. Moritzkirche in Halle einer Durchsicht unterzogen.

In diesem Pestjahre sind in der **St. Moritz-Gemeinde** 1610 Personen gestorben gegen ca. 110 sonst durchschnittlich.

Von diesen 1610 war bei 1472 das Alter angegeben:

1. Danach steuerte das männliche Geschlecht 100 Fälle bei gegen 121 des weiblichen Geschlechtes.

$m : w = 100 : 121$.

2. Auf die einzelnen Altersklassen verteilten sich die 1472 Fälle folgendermafsen:

Von 1000 Gestorbenen waren

0–1 J.:	1—5 J.:	5—20 J.:	20—50 J.:	50—70 J.:	70 und darüber:
55.	142.	364.	328.	91.	20.

---

[1] cf. John, Geschichte der Statistik I. Stuttgart 1884. S. 194.
[2] cf. v. Bärensprung a. a. O. S. 7.

3. In demselben Jahre 1682 wurden 103 getauft; von 1000 Lebendgeborenen starben demach 1682:

1 Woche:	1 Monat;	0—1 Jahr:	Todtgeb.:
87.	38.	786.	80.

Die Untersuchung der Sterbeverhältnisse dieses Pestjahres hat demnach zu folgenden Ergebnissen geführt:

1. Das männliche Geschlecht steht zu dem weiblichen in demselben Verhältnisse in betreff ihres Anteils an der Summe der Gestorbenen, wie es Bücher für Frankfurt und Paasche für Rostock in der mittelalterlichen Zeit hinsichtlich der Zahl der Lebenden gefunden haben. Eine merkwürdige Kongruenz, die aber in ihrer Vereinzelung nicht zu weiteren Schlüssen berechtigt.

2. Die Personen bis zum 20. Jahre machen über die Hülfte der Gestorbenen, 56 %,[1]) aus, d. h. die Gestorbenen verteilen sich nicht besonders abnorm auf die Altersklassen. Jede derselben steuert nur einen höheren Tribut zur Gesamtsterblichkeit. —

Da nun dem Menschen der Trieb zur Fortpflanzung und zur Erhaltung der Art innewohnt, so muſs der immer und ewig drohende Verlust und auch thatsächliche eintretende Verlust der Kinder den Sinn der Bevölkerung im Mittelalter auf eine möglichst zahlreiche Familie, als sicherste Gewähr gegen das Aussterben des Geschlechts hingelenkt haben; und dem entsprechend werden die Ehen, solange sie bestanden, auch fruchtbar, sehr fruchtbar gewesen sein; eine Annahme, die, wie wir sahen, durch die vorhandenen wenigen Beispiele — Rohrbachsche Familie; Conrad Stolle — bestätigt wurde; die Geburtsziffer Freibergs (1526) 40 %₀₀ kann wegen der Unzuverlässigkeit der Volkszählung, sowie des Fehlens der Todtgeburten und anderer Konfessionen, als wirkliche Fruchtbarkeitsziffer nicht gelten. —

Von dieser zahlreichen Kinderschar aber wurde wegen der unaufhörlich grassierenden Krankheiten nur ein geringer Bruchteil am Leben erhalten; daher denn die Erscheinung, daſs in den neuesten Untersuchungen über die Bevölkerungsverhältnisse deutscher Städte im Mittelalter regelmäſsig eine verhältnismäſsig geringe Kinderzahl bemerkt wird. Bücher[2]) findet z. B. in Nürnberg, daſs 1449 auf einen Bürger 1,64 Kinder kommen; nach der Rohrbachschen Familien-

---

[1]) 1833—52, 1855—74 in Halle 49 %.
cf. Conrad, Prof. J., Sammlung nationalökonomischer und statistischer Abhandlungen 1, 2. Jena 1877. (Beitrag zur Untersuchung des Einflusses von Lebensstellung etc. auf die Mortalitätsverhältnisse.)
[2]) Tübing. Zeitschrift Bd. 37 S. 570. Tübingen.

chronik auf 1 Familie 3,2; nach den von Inama-Sternegg[1]) beigebrachten Angaben 2,4; nach Paasche[2]) sind in Rostock 1594/95 am häufigsten Familien mit 2, 3 und 4 Kindern, denen aber eine erhebliche Anzahl kinderloser Ehen gegenübersteht. Die landläufige Vorstellung von dem reichen Kindersegen früherer Jahrhunderte bedarf daher der Modifikation, dafs die einzelnen Ehen zwar gewifs recht fruchtbar gewesen sind, dafs aber der gröfste Teil der derselben entsprossenen Kinder in jugendlichem Alter dahingerafft wurde. — Für die Erwachsenen aber mufste die hohe Sterblichkeit folgende Wirkung haben: einerseits wurden durch die Seuchen, die unaufhörlichen Fehden u. s. w. die Ehen in viel höherem Mafse zerrissen, als zu unserer Zeit dies der Fall sein kann. Da das männliche Geschlecht allen möglichen Gefahren mehr ausgesetzt ist, als das weibliche, und früher noch weit mehr, so werden höchst wahrscheinlich mehr Witwen als Witwer übrig geblieben sein. Dieser Schlufs wird durch Paasche[3]) bestätigt, der in Rostock das Verhältnis der verheirateten männlichen Personen zu den verheirateten weiblichen Personen (1594/95) von 100 : 126 findet und daraus folgert, dafs dieser Überschufs von 20 % nur durch Witwen gebildet sein kann; ebenso von Bücher, der in Nürnberg (1449) zu einem Verhältnis der erwachsenen männlichen und weiblichen Bevölkerung von 100 : 118 gelangt. Indes ist das letzte Beispiel wegen Unbestimmtheit und Ungenauigkeit der Quellen nicht relevant. Mit diesen beiden Beispielen ist aber die Allgemeinheit der Thatsache nicht bewiesen. Ich kann daher nichts weiter thun, als hinzufügen, dafs Paasche, Bücher, Jastrow[4]) diese Erscheinung als eine allgemeine dem Mittelalter vindizieren. Dann bestände allerdings ein bedeutender Unterschied zwischen jener Zeit und der Gegenwart.

In sämtlichen preufsischen Städten verhielten sich 1885[5]) die männlichen zu den weiblichen Personen wie
                              100 : 103,7
in Berlin . . . 100 : 108,
„ Frankfurt a/M. 100 : 112,
„ Halle a/S. . . 100 : 99,
„ Magdeburg . . 100 : 98.

---
[1]) Inama-Sternegg a. a. O. S. 514.
[2]) Rostocks Bevölkerung. Conrads Jahrb. für Nat. u. Stat. N. F. B. 89. Jena.
[3]) Paasche, Rostocks Bevölkerung a. a. O.
[4]) Jastrow a. a. O. S. 21.
[5]) Preufs. Statistik CXIV. Berlin 1888. S. XII und Statist. Handbuch d. preufs. Staates I. Bd. S. 111 u. 112. Berlin 1888.

Das Überwiegen der männlichen über die weibliche Bevölkerung finden wir 1885 in nicht weniger als 36 preufsischen Städten über 20000 Einwohner von den 84 Städten über 20000 Einwohner, d. h. also in über 42 %.

Im ganzen preufsischen Staate war 1885 das Verhältnis wie:

m : w = 100 : 103,8.

Angenommen also, unsere wohlbegründete Vermutung sei richtig, so würde die notwendige Folge daraus sein, dafs zu jener Zeit weit mehr Witwen oder Mädchen, jedenfalls weibliche Personen, zum Ehelosbleiben verdammt waren, als in der Gegenwart.

Anderseits aber wurden durch die Seuchen so und soviel heiratsfähige Personen hinweggerafft, dafs dadurch eine Verminderung der Eheschliefsungen bedingt war.

Zu diesen Ehehindernissen war auf dem Lande die Leibeigenschaft, in den Städten der Zunftzwang hinzugetreten, die auch in dieser Richtung wirkten.

Dem gegenüber aber darf der Umstand nicht übersehen werden, dafs der Tod auch nicht selten Ehehindernisse hinweggeräumt haben wird. Ob aber dies Moment erheblich ins Gewicht fällt, darüber lassen sich nur Vermutungen aufstellen. Jedenfalls scheint sehr frühes Heiraten zu Luthers Zeiten nicht die Regel gewesen zu sein, wie man aus seiner Ermahnung (s. S. 20) zum frühen Heiraten vermuten könnte.

Zieht man alle diese Momente in Betracht, so könnte man vielleicht zu der Ansicht gelangen, dafs im Mittelalter die Zahl der stehenden Ehen, sicher wohl aber die Dauer der Ehen unter denjenigen der Gegenwart bleibt. —

Die durchschnittliche Dauer der Ehen ist jetzt in Preufsen [1])

	männl.	weibl.
22—23 1881—85	23,7	22.

Süfsmilch [2]) nahm eine solche von 19 Jahren zu seiner Zeit an. Wäre dem so gewesen, so würde der Kreis derjenigen Personen, der zur Kindererzeugung berufen war, enger im Verhältnis zu dem in der Gegenwart gezogenen. Dann aber wäre auch der Widerspruch gelöst, der zwischen der mutmafslich hohen Fruchtbarkeit der Ehen und dem verhältnismäfsig niederen Verhältnis der Gebornen zu Getrauten besteht. Dies be-

---

[1]) Statist. Handbuch d. preufs. Staates. Berlin 1888. Bd. I S. 142.
[2]) Süfsmilch a. a. O. S. 75.

trug, wie wir S. 19 gesehen, 3,5 : 1, dagegen in Preufsen [1] 1881/85 4,7 : 1, in den preufsischen Städten in 1886 3,9 : 1.

Mit welcher Intensität diese drei Faktoren, kürzere Dauer der Ehe, Zunftbeschränkungen und Leibeigenschaft, auf Verminderung der absoluten Fruchtbarkeit hingewirkt haben, dafür fehlt uns jeglicher Mafsstab, ebenso dafür, inwieweit durch das häufige grofse Sterben für viele die Ehehindernisse hinweggeräumt wurden.

Es bleibt also nichts weiter übrig, falls wir eine hohe eheliche Fruchtbarkeit dem Mittelalter vindizieren wollen, als anzunehmen, dafs der Prozentsatz der Bevölkerung, welcher zur Fortpflanzung berufen war, sich relativ geringer stellte als der gegenwärtige, d. h. dafs die Zahl der stehenden Ehen bedeutend unter derjenigen der Gegenwart geblieben sei.

Selbst wenn die Eheschliefsungsziffer in den mittelalterlichen Städten gleich der gegenwärtig in den preufsischen Städten — ca. 9 $^o/_{oo}$ — beobachteten gewesen wäre, bleibt doch unser Schlufs bestehen. Möge z. B. die Zahl der jetzt jährlich aufgelösten Ehen 2, im Mittelalter 4 gewesen sein, und jährlich beiderseits 9 dazu kommen so ergibt sich folgendes:

I. Jahr: 9 9
II. „ 9 — 2 + 9 9 — 4 + 9
III. „ 9 — 4 + 9 + 9 9 — 8 + 9 + 9
23. 19.

Dies wäre das Bild, das uns unsere Quellen von der städtischen Bevölkerung am Ausgang des Mittelalters zu zeichnen erlauben in Bezug auf seine physischen Lebenserscheinungen.

Nicht viel anders, vielleicht noch etwas besser, wird es von der Zeit nach dem „grofsen Sterben" κατ' ἐξοχήν um 1550 — ca. 1500 ausfallen [2]). Seuchen und Pest sind allerdings regelmäfsig wiederkehrende Gäste, [3] aber sie treten nicht mit der Wut und Heftigkeit auf, wie im 16. Jahrhundert. Hat sich wirklich die Bevölkerung nach den schweren Verlusten von 1348—60 bald wieder erholt und ist bedeutend angewachsen bis zum 30 jährigen Kriege hin, wie Schmoller und Höniger behaupten (s. o.), so kann, wenigstens im 16. Jahrhundert, dies nur auf die Landbevölkerung zurückzuführen

---

[1]) Statist. Handbuch etc. S. 128 ff.
[2]) Höniger, Der schwarze Tod etc. Berlin 1882. S. 93 ff.
Hirsch, Die allgemeinen akuten Infektionskrankheiten etc. Stuttgart 1881. S. 349—884.
[3]) v. Bärensprung a. a. O.

sein, und vielleicht auch auf die kleineren Städte. Denn in den von uns beobachteten Städten starben ja bedeutend mehr Personen, als geboren wurden. Trotzdem mufs auch in dieser Zeit in einigen Städten — wie aus der Zunahme der Geburtenzahl zu schliefsen ist — die Bevölkerung sich vermehrt haben:

Stadt.	1500	1510	1520	1530	1550	1570	1580	1600	1610	1620	1630
Dresden									505		573
Leipzig							438		454		520
Danzig									1704	1823	2873
Strafsburg						913,8				1008	
Breslau						16 32	12 75		10 78		11 28
Augsburg	18 37	18 93	18 27	14 62			18 07	15 67		15 50	16 58

Nach dieser Tabelle ist die Geburtenzahl in den Städten mit Ausnahme von Augsburg und Breslau gestiegen; in diesen beiden Städten ist sie gefallen.

Das Steigen kann nur durch Zuzug von aufsen bewirkt worden sein. Es liegt also die Vermutung nahe, dafs auf dem Lande die Sterblichkeitsverhältnisse bei weitem günstigere gewesen sind.

Indes auch diese — höchst wahrscheinlich richtige — Vermutung entbehrt der statistischen Unterlage bis jetzt noch vollkommen. Wir gehen nun zu der nächsten Periode, dem 17. Jahrhundert, über.

Kapitel II.
Das siebzehnte Jahrhundert.

Die erste Hälfte des 17. Jahrhunderts ist eine der traurigsten Perioden, welche die Geschichte aufzuweisen hat. Während im Mittelalter bis ca. 1618 es vorherrschend die Pest und andere Epidemieen waren, welche das Verhältnis der Geburten und Sterbefälle im grofsen Durchschnitt so ungünstig ausfallen liefsen und — für kürzere Perioden betrachtet — eine gleichsam progressionsartige Bevölkerungszunahme bewirkten, gesellt sich zu diesen damals die Menschen noch unumschränkt terrorisierenden Faktoren als prävalierendes Moment die Zerstörungs- und Vernichtungswut der Menschen selbst, der Krieg; oder richtiger gesagt, er schwingt sich von der mehr untergeordneten Stellung, die er bisher eingenommen hatte, zu einer unbestritten dominierenden auf.

Eine genaue Darlegung der verderblichen Wirkungen des 30 jährigen Krieges auf die Bevölkerungsverhältnisse würde uns an dieser Stelle zu weit führen. Folgende Angaben über die Zeit von 1618—48 mögen genügen. Nach Rümelin,[1] dem bewährten Forscher auf dem Gebiete der Bevölkerungsstatistik, war von der Bevölkerung Deutschlands in seinem damaligen Umfange, wohlgemerkt! — die 1618 nicht unter 25 Millionen betragen haben kann, 1648 höchstens noch die Hälfte übrig geblieben. Bei dieser Annahme hat das Verhältnis der Gestorbenen zu den Gebornen von 1618—48 in ganz Deutschland 100 : 96,7 betragen. Für die Städte, deren Geburts- und Sterberegister erhalten sind, sind die Folgen des 30 jährigen Krieges von ganz ungleichmäfsiger, vielfach ganz entgegengesetzter Wirkung auf die Bevölkerungsverhältnisse gewesen.

[1] Rümelin, Bevölkerungslehre im Schönberg, 2. Aufl. II S. 923. Tübingen.

Es wurden geboren ¹) in:

	1613–22	1623–31	1640–55
Augsburg:	1658	1272	847
Freiberg:	1617–30 / 405	1641–50 / 239	
Leipzig:	1595–1609 / 441	1648–57 / 376	
Breslau:	1573–84 / 1275	1614–24 / 1128	1644–53 / 921
Danzig:	1604–11 / 1704	1631–38 / 2187	1647–52 / 2406
Dresden:	1617–25 / 527	1644–53 / 647	

In Danzig und Dresden hat danach die Zahl der Geburten während des 30 jährigen Krieges zugenommen, in den andern Städten ist sie hingegen gesunken.

Indes läfst sich aus diesen Zahlen nichts schliefsen. Die Verhältnisse werden sich während des Krieges sehr verschoben haben: die Gegenden, welche in geringerem Mafse der Schauplatz des Krieges waren, werden sich mit Flüchtlingen angefüllt haben, so besonders die Städte. Manche Dörfer sind ganz ausgestorben, wie historisch erwiesen ist.

Manche Städte würden demnach ein im Verhältnis zum ganzen Lande viel zu lichtvolles Bild darbieten. Es ist daher ein sehr erfreulicher Umstand, dafs wir wenigstens für einen Staat Deutschlands, für Württemberg, die Zeit des 30 jährigen Krieges näher beleuchten können.

In Württemberg ²) wurden seit 1598 Aufnahmen der waffenfähigen Mannschaft, und zwar nur der Bürger und Inwohner, sofern sie selbständig und verheiratet waren, also mit Ausschlufs erwachsener Söhne und Dienstboten, veranstaltet. — Seit 1622 waren die Pfarrer in Württemberg verpflichtet, in ihrem Jahresberichte auf Grund der Seelenregister ihrer Gemeinde die Zahl der Kommunikanten und Katechumenen anzugeben, in welche nach dem 30 jährigen Kriege auch sämtliche Kinder aufgenommen wurden. Aus diesem Material hat nun der betr. Verfasser in der erwähnten Abhandlung, indem er die Zahl der Mannschaft als $^2/_{13}$ der Gesamtbevölkerung, die

---

¹) Süfsmilch a. a. O. S. 28 ff.
²) Württemberg. Jahrbücher. Stuttgart 1848. I S. 94—194. (Württembergs Bevölkerung in früheren Zeiten.)

Zahl der Kommunikanten und Katechumenen als $^5/_6$ derselben ansetzte, die letztere berechnet. „Da die beiderseitigen Resultate sich ziemlich entsprechen und auch mit Pfaffs Berechnungen in den Württemb. Jahrb. 1841 S. 316 nahezu übereinstimmen", so hält der ungenannte Verfasser dieselben für glaubwürdig. Auch Jastrow, der übrigens — S. 115 der mehrfach citierten Schrift — irrtümlich Pfaff als Verfasser obiger Abhandlung angibt, versagt ihr seine Anerkennung nicht. Wir geben die Zahlen mit dem Vorbehalte wieder, dafs wir sie als Näherungswerte angesehen wissen wollen.

Danach zählte Württemberg:
1598 414 401 Seelen
1622 444 825 „
1634 414 536 „
1639   97 258 „
1652 166 614 „
1744 443 000 „
1802 659 233 „

Von 1634—39 hätte demnach die Bevölkerung um 77 % abgenommen oder jährlich um 15,4 %.

Nach Pfaff (Neuere Geschichte III. S. 420) sind 1634—37 94 000 Menschen gestorben.

Indes dürfte an diesem aufserordentlichen Rückgange der Bevölkerung auch wohl die Pest, die 1636—37 herrschte, in hohem Mafse beteiligt gewesen sein.

Die Abnahme der Bevölkerung hat von 1622—52 62,6 %, jährlich also 2 % betragen; die Gestorbenen haben sich zu den Gebornen verhalten wie 100 : 98, während nach der Schätzung Rümelins das Verhältnis wie 100 : 96,7 war.

Für Württemberg trifft also die Behauptung Rümelins annähernd zu.[1]

Nach dem 30jährigen Kriege mufs die Bevölkerung Deutschlands sehr schnell wieder zugenommen haben. Süfsmilch[2] glaubt sie auf 24 Millionen ansetzen zu dürfen; 1816 hatte Deutschland in seinem jetzigen Umfange 24 Millionen.

---

[1] Ein nicht minder deutliches Bild des Rückganges gewähren die Feuerstellenverzeichnisse. (S. darüber Näheres bei Jastrow a. a. O. S. 194 ff.) Nach denselben zählten die Städte der Mittelmark, Uckermark und der Grafschaft Ruppin 1573 9720 Häuser und Buden, dagegen 1645 2970, d. i. eine Abnahme von 70 %.

[2] Süfsmilch a. a. O. S. 146.

Dies ist in wenigen Strichen der historische Hintergrund des Bildes, das wir von der Bevölkerung Deutschlands in dem Zeitraume von ca. 1620—1700 nunmehr zeichnen wollen.

1. Die Geburten.

Wie der 30jährige Krieg auf die Fruchtbarkeit eingewirkt hat, dafür fehlt uns jede statistische Unterlage, mit Ausnahme einiger wenigen Städte. Aber gerade diese (s. S. 34) werden, wie wir oben kurz angedeutet haben, nicht geeignet für eine Generalisierung. Aber es folgt aus der Natur der durch den Krieg veranlafsten allgemeinen Not und auch Verwilderung, dafs die eheliche Fruchtbarkeit ab-, die uneheliche zugenommen haben wird.

Aus den uns vorliegenden Geburts- und Sterbelisten [1]) ergeben sich folgende Verhältnisse zwischen Trauungen und Taufen:

Stadt.	Periode.	Proportion.	Periode.	Proportion.	Periode.	Proportion.
Freiberg	1617—30	1 : 4,1	1617—50	1 : 3,76	1617—1717	1 : 3,70
Dresden	1617—30	1 : 3,8	1620—53	1 : 3,46	1630—1708	1 : 3,29
Augsburg	1571—1622	1 : 3,7	1623—45	1 : 3,0	1646—1708	1 : 3,68
Iglau	1593—1616	1 : 3,6				
Strafsburg	1564—1688	1 : 2,85	1641—73	1 : 3,9		
Leipzig	1595—1609	1 : 2,8	1617—43	1 : 2,95	1617—1700	1 : 3,1
Erfurt					1684—98	1 : 3,2
Mesow	1650—69	1 : 3,9	1690—99	1 : 4,7	1650—99	1 : 4,1
Lychen.	1660—69	1 : 3,2	1690—99	1 : 4,5	1660—99	1 : 4,2

Von Halle a/S. [2]) besitzen wir ein summarisches Verzeichnis der von 1601—1700 Getauften, Gestorbenen, Kopulierten. Danach haben sich die Kopulierten zu den Getauften 1601—1700 verhalten wie 1 : 2,5.

Kopulierte: Getaufte: Begrabene:
13 988   34 959   40 532

Das beispiellos niedrige Verhältnis erschien uns von vornherein verdächtig; und in der That hat sich die Unkorrektheit der Zahlen

---
[1]) Süfsmilch, Die göttl. Ordnung. 1776. I. Tabellen. III. Tabellen. Jastrow a. a. O. S. 67.
Österreich. Städtebuch (v. Inama-Sternegg & Mischler) II. Wien 1888. Kirchhoff a. a. O.
[2]) Dreyhaupt, „pagus Neletici et Nudzici, oder ausführliche ... Beschreibung des ... Saalkreises." Halle 1755.
v. Bärensprung a. a. O. S. 17.

herausgestellt. Herr Oberpfarrer Sarau an der St. Moritz-Kirche, der die Zahlen der Getauften, Kopulierten und Gestorbenen aus sämtlichen Kirchenbüchern von Halle ausgezogen hat, hatte die Liebenswürdigkeit, uns sein Manuskript zur Verfügung zu stellen. Nach Summierung der Zahlen ergaben sich für 1600—1699:

Kopulierte:	Getaufte:	Begrabene:
10 010	38 252	41 489

Das Verhältnis der Kopulierten zu den Getauften betrug hiernach:

1600—50 3,7
1650—99 3,9
1600—99 3,8

Wie aus der Tabelle (s. S. 68) hervorgeht, zeigen alle Orte, mit Ausnahme Freibergs und Dresdens, nach dem 30jährigen Kriege die Tendenz nach einer Erhöhung des Verhältnisses von Trauungen zu den Taufen. Ob dieselbe in einer Abnahme der Eheschliefsungen begründet ist, läfst sich wegen Mangels der Reduktionsziffer — Zahl der Bevölkerung — nicht entscheiden; zum Vergleiche mögen die beiden, oben ermittelten Geburtenziffern hier noch einmal vergegenwärtigt werden:

	Geburtsziffer:	Eheziffer:	Ehen : Taufen:
Freiberg: 1617—30	40 $^0/_{00}$	9,7 $^0/_{00}$	1 : 4,1
Erfurt: 1632	37 $^0/_{00}$		

Zu diesen beiden Taufziffern sind wir in der glücklichen Lage, noch eine aus dem letzten Dezennium des 17. Jahrhunderts hinzufügen zu können.

In Salzburg[1]) fand nämlich 1692 eine Volkszählung statt, deren Ergebnis im städtischen Museum aufbewahrt ist; nach dieser hatte Salzburg 1692 = 12 994 Einwohner. Geboren wurden 1690—94 jährlich 418, kopuliert 88. Daraus ergiebt sich für Salzburg:

Geburtsziffer:	Eheziffer:	Ehen-Taufen:
32 $^0/_{00}$	6,7	1 : 4,7

Dagegen waren in Freiberg die entsprechenden Ziffern: 40 $^0/_{00}$ resp. 9,7 resp. 1 : 4,1.

Der bedeutende Unterschied in der Geburts- und Eheziffer ist jedoch leicht erklärbar.

Salzburg hatte eine Universität, an welcher nach einer älteren Zählung von 1666 454 Studenten immatrikuliert waren; es war der Sitz

---

[1]) v. Inama-Sternegg und Mischler, Österreichisches Städtebuch. II. Jahrgang. Wien 1888.

desErzbischofs; viele Ordenspersonen und Kloster-Insassen befanden sich dort. Dadurch mufste natürlich die Tauf- und Eheziffer heruntergedrückt werden. — Das Mittel aus Freibergs und Salzburgs Ziffern ergibt: 36 %$_{00}$, 8,2 °%$_{00}$, 1 : 4,4. Indes wäre es sehr gewagt, schon aus diesen Verhältnissen einen allgemeineren Schlufs ziehen zu wollen. In Freiberg war die Fruchtbarkeit hoch, in Salzburg wegen der zahlreichen sterilen Elemente sehr niedrig. — Eine interessante Notiz über die eheliche Fruchtbarkeit in dem Dorfe Butzow bei Rathenow gegen Ende des 17. Jahrhunderts fand der Verfasser in dem dortigen Kirchenbuche, in das ihm der betr. Pfarrer Wild in liebenswürdigster Weise Einsicht gestattete. In demselben waren 11 Familien mit ihren 72 Kindern verzeichnet; auf jede Familie kamen demzufolge im Durchschnitt 6,5 Kinder, eine Zahl, die unserer Erwartung vollkommen entspricht.

2. Die Sterbefälle.

Seit 1625 trat bis 1700 3 mal die Pest auf, 1626, 1636, 1680, (in Halle a/S. 1682), während Pocken- und Typhusepidemieen ebenso oft grassierten. Durchschnittlich [1]) herrschte von 1625—1700 alle 12 Jahre eine gröfsere Epidemie ungeachtet der immerwährend Opfer erheischenden Fieber und sonstigen Krankheiten. In die Zeit des 30jährigen Krieges fallen 2 Pest- und 2 Pocken- und Typhus-Epidemieen — 1625, 1626, 1636, 1644—47. Nach dem 30jährigen Kriege erschien 1679 die Pest wieder und 1694—1698 wütete eine heftige Pocken- und Typhus-Epidemie; es nahm also in der zweiten Hälfte des 17. Jahrhunderts die Sterblichkeit ab — der Sonnenschein nach dem Gewitter.

Trotzdem überwiegt in den Städten die Zahl der Gestorbenen über die Gebornen.

Das Verhältnis der Gestorbenen zu den Gebornen war folgendes während des 17. Jahrhunderts in den folgenden Ortschaften:

---

[1]) v. Bärensprung a. a. O. S. 12 ff.

Stadt.	Periode.	Proportion.	Per.	Prop.	Per.	Prop.	Per.	Prop.	Per.	Prop.
Dresden[1])	1617—30	100:122	1631—43	100:37	1644—78	100:112	1644—1703	100:102	1631—1703	100:86
Iglau[2])	1693—1616	100:95,6								
Straßburg[3])	1664—1638	100:89			(12 Jahre) 1641—78	100:119				
Augsburg[4])	1601—1622	100:87	1622—45	100:88			1646—1703	100:95	1622—1703	100:94
Freiberg[5])	1617—20	100:81,4			1641—60	100:120			1631—1706	100:97
Breslau[6])	1555—1624	100:80,3	1625—63	100:72	1644—79	100:94	1664—1703	100:85	1625—1703	100:79
Leipzig[7])	1595—1609 (St. Petri)	100:80,2	1617—43 (Ganz Stendal)	100:55,6			1680—1700	100:86	1617—1700	100:82
Stendal[8])	1589—1619	100:72,9	1620—99	100:68						
Danzig[9])	1601—28	100:46,6	1624—46	100:86	1647—70	100:74	1671—1700	100:110	1694—1700	100:93
Halle a.S.[10])	1600—19	100:105	1620—49	100:79			1650—99	100:95	1600—99	100:92
Erfurt[11])	1604—64	100:78								
Mossow[12])							1650—99	100:160		
Lychen[13])			1632—58	100:55	1641—53	100:311	1680—99	100:155		

[1]) Süßmilch a. a. O. I. Tabellen.
[2]) Österr. Städtebuch a. a. O. II. 1868.
[3]) Jastrow a. a. O. S. 67.
[4]) Süßmilch a. a. O.
[5]) Ders.
[6]) u. [7]) Ders.
[8]) Götze, Geschichte Stendals. Anhang. Stendal 1874.
[9]) Süßmilch a. a. O.
[10]) Manuskript des Oberpf. Sarau. Nach Dreyhaupt a. a. O. war das Verhältnis = (1601—1700) 100 : 86.
[11]) Kirchhof a. a. O.
[12]) u. [13]) Süßmilch a. a. O. I.

Zur Erleichterung des Umsetzens dieses Verhältnisses der Gestorbenen zu den Gebornen möge folgende kleine Tabelle dienen. Wie wir die Gestorbenen bisher — auf 100 gerechnet — als konstante genommen hatten, so nehmen wir, um ein festes Geburts- und Sterbezifferverhältnis zu konstruieren, das der Gegenwart etwa entspricht, eine feste Sterbeziffer von 25 $^o/_{oo}$ an:

gest. geb.	Sterbeziffer.	Geburtenziffer.
100 : 160 =	25 $^o/_{oo}$	: 40 $^o/_{oo}$
100 : 150 =	25 „	: 37,50 $^o/_{oo}$
100 : 140 =	25 „	: 35,00 „
100 : 130 =	25 „	: 32,50 „
100 : 120 =	25 „	: 30,00 „
100 : 110 =	25 „	: 27,50 „
100 : 100 =	25 „	: 25,00 „
100 : 90 =	25 „	: 22,50 „
100 : 80 =	25 „	: 20,00 „
100 : 70 =	25 „	: 17,50 „
100 : 60 =	25 „	: 15,00 „
100 : 50 =	25 „	: 12,50 „

Das Ergebnis der Tabelle auf S. 39 läfst sich wohl sicher dahin fassen, dafs nach dem 30jährigen Kriege bis 1700 die Sterblichkeit etwas niedriger ist, als in der Zeit vor dem 30jährigen Kriege, da sie naturgemäfs in den von dem Kriege am heftigsten betroffenen Städten in den beiden folgenden Dezennien am niedrigsten steht.

Im allgemeinen aber übertreffen in den Städten die Sterbefälle immer noch die Taufen. Anders aber ist es auf dem Lande, wie die beiden letzten Ortschaften beweisen. Lychen, das 1637 und 1638 von der Pest derartig mitgenommen war, dafs, während 1632—36 durchschnittlich 30 jährlich getauft wurden, 1639—44 nur 6,8 Taufen jährlich verzeichnet sind, hatte 1641—53 ein Verhältnis der Gestorbenen und Gebornen von 100 : 311 aufzuweisen; von 1660—99 betrug dasselbe 100 : 155; in dem Dorfe Messow in dem Zeitraume von 1650—99 100 : 160.

Wir sehen hier das, was wir für die vorige Periode nur vermuten konnten, wenigstens durch zwei verbürgte Beispiele bestätigt, dafs nämlich auf dem Lande die Sterblichkeit bei weitem günstiger gewesen sein mufs als in den Städten, und dafs die Landbevölkerung damals schon einen nicht geringen Prozentsatz in das Danaiden-Fafs der Städte abgeführt hat.[1]

---

[1] Unsere Vorstellung von der unverrückbaren Sefshaftigkeit unserer mittel-

Im ganzen wird sich also das Bild der Bevölkerungsverhältnisse in den Städten während der letzten Hälfte des 17. Jahrhunderts etwas günstiger gestalten, als das für den ersten Zeitraum entrollte, während auf dem Lande die Sterblichkeit bedeutend niedriger gewesen ist.

Die Altersklassen.

Während wir für die vorige Periode eine hohe Kindersterblichkeit in den Städten als höchst wahrscheinlich nur vermuten konnten, liegen uns für das 17. Jahrhundert einige Angaben über das Alter der Gestorbenen vor.

Die erste ist aus den Observations John Graunts (1662),[1] die in den Philosophical Transactions der Royal Society of London erschien.

Auf Grund seines noch sehr mangelhaften Materials — der Geburts- und Sterbelisten Londons von 1603 an — versuchte er eine Absterbeordnung einer gegebenen Zahl Geborner zusammenzustellen. Dieselbe kann daher, nach ihrer Entstehungsart bemessen, nur zu einem gewissen Anhalt dienen, und als solchen will der Verfasser die wiedergegebenen Zahlen nur aufgefaßt wissen.

Von 1000 Gebornen starben:

im Alter von 0— 5 Jahr 360
  „ „ „ 6—15 „ 240
  „ „ „ 16—25 „ 150
  „ „ „ 26—35 „   90
  „ „ „ 36—45 „   60
  „ „ „ 46—55 „   40
  „ „ „ 56 u. mehr „ 60

---

alterlichen Altvordern, sowie die bisher aufgestellten Gründe für den Rückgang der Zünfte, sowie überhaupt für die Absperrung derselben dürften von diesem nun nicht mehr anzweifelbaren Gesichtspunkte aus teils eine Modifikation, teils eine Ergänzung zu erfahren haben. Schönberg z. B. läßt in seinem Handbuch II S. 439 „die gewerbe-monopolitischen Rechte der Zünfte ihren Ursprung nicht in einer Furcht vor fremder Konkurrenz, sondern in der ökonomischen und politischen Lage der Städte und dem amtlichen Charakter und der Dienstpflicht der Zünfte nehmen".[*]

[1] Vergl. auch John, Geschichte der Statistik. Stuttgart 1884. S. 161 ff.

[*] Ein lebhafter Zuzug vom Lande hat bestanden; sicher haben die Absperrung der Zünfte einer-, die Bannmeile andrerseits ihren Ursprung auch der Furcht vor übergroßer Konkurrenz mit zu verdanken.

Die andere Tafel ist die von Halley auf Grund der Breslauer Geburts- und Totenlisten aus den Jahren 1687—91 berechnete. Sie ist enthalten in der 1693 ebenfalls[1]) in den Philosophical Transactions, Vol. XVII. (p. 596—610) erschienenen Abhandlung Halleys „An Estimate of the Degrees of the Mortality of Mankind, drawn from curious Tables at the City of Breslau; with an attempt to ascertain the price of Annuities upon Lives."

Nach Halley starben danach von 1000 Gebornen:
im Alter von 0—1 Jahr 295
„ „ „ 2—5 „ 457
„ „ „ 6—15 „ 48
„ „ „ 16—25 „ 45

Stellen wir beide Tafeln nebeneinander:

Es starben von 1000 Gebornen:

im Alter von	Graunt	Halley
0—1 Jahr		295
0—5 „	360	457
6—15 „	240	48
15—25 „	150	45
	750	550

Indes, ebenso wie die einzelnen Zahlen, weichen auch die Herstellungsmethoden voneinander ab. Graunt wollte eine Absterbeordnung liefern; Halley auch, aber er folgte dem Beispiele Graunts nur bis zu den 0—6jährigen, von da ab, und vielleicht schon vorher, wird ihm unter seiner Hand die Absterbeordnung zu einer Verteilung der Verstorbenen nach Altersklassen.

Doch es würde uns zu weit führen, auf die vergeblichen Erklärungsversuche der Halleyschen Tabellen, wie sie besonders Knapp[2]) versucht hat, einzugehen. Nur das eine muſs noch bemerkt werden, daſs die von Halley zu Grunde gelegte Periode von 1687—91 eine verhältnismäſsig sehr günstige war, indem auf 1238 Geburten nur 1174 Sterbefälle durchschnittlich kamen, und daſs demnach die von ihm berechnete Kindersterblichkeit nicht die dem groſsen Durchschnitt entsprechende gewesen sein kann.

Um auch in dieser Beziehung aus eigner Anschauung urteilen zu können, hat der Verfasser das Kirchenbuch an der St. Moritz-Kirche zu Halle a/S. einer eingehenden Untersuchung unterzogen.

---

[1]) auch John, Geschichte der Statistik. Stuttgart 1884. S. 192.
[2]) Knapp, Theorie des Bevölkerungswechsels. Leipzig 1874. S. 58, 59, 122 ff.

Das Verzeichnis der Verstorbenen beginnt mit dem Jahre 1580, enthält aber die Altersklassen erst seit 1667, und bis 1672 noch nicht genau durchgeführt; von da an aber ist das Material vollkommen brauchbar.

Von 1682—1702 sind 4725 Fälle nach dem Alter klassifiziert. In den Jahren 1672—81, 1683—92, 1693—1702 waren von 1000 Gestorbenen:

1 Woche alt:	1 Monat alt:	0—1 Jahr alt:
13 [1]	59 [1]	283 [1]
1832—52, u. 1855—74 in Halle [2]		234

Von 1000 Lebendgebornen starben:

1672—81, u. 1683—1702 im Alter von	0—1 Jahr	= 253
1672—1702	„	„	0—1 „	= 270
1682	„	„	0—1 „	= 786
1858—62, u. 1870—1874	„	„	0—1 „	= 206

Aus obiger Quelle ergibt sich für den Ausgang des 17. Jahrhunderts eine nicht unwesentlich höhere Kindersterblichkeit für Halle, um fast 50 $^0/_{00}$, die aber, wie wir sofort sehen werden, von der in einigen Städten in der Gegenwart noch übertroffen wird.

Man mufs aber in Betracht ziehen, dafs die Periode 1672—1702 mit Ausnahme des Pestjahres 1682 eine verhältnismäfsig sehr günstige war. In den Jahren 1672—81, 1683—1702 betrug das Verhältnis der Gestorbenen zu den Gebornen 100:122, infolge des Pestjahres stellte es sich auf 100:86.

Da aber das Pestjahr 1682, wie wir sahen, den Anteil aller Altersklassen fast gleichmäfsig erhöhte, so mufste sich dadurch der Anteil der Kindersterblichkeit für die Gesamtperiode 1672—1702 erheblich niedriger stellen, als in Zeiten, die eine durchgängig hohe Sterblichkeit und daher auch sehr hohe Kindersterblichkeit aufzuweisen haben. Für das 16. Jahrhundert, wo die Pestepidemieen durchschnittlich alle 10—13 Jahre auftraten, wird dementsprechend die Kindersterblichkeit in Halle auch weit höher, mindestens 290 bis 300 $^0/_{00}$ aller Lebendgebornen betragen haben.

Durch die Liebenswürdigkeit des Herrn Pastor Wild in Buckow

---

[1] Diese Angaben sind leider nicht genau. Sie waren verdruckt, das Manuscript ist dem Verfasser aus Versehen nachgeschickt, der bei der Revision schon auf der Reise nach Japan war. Der Herausgeber.

[2] Conrad, J., Sammlung nationalökon. und statistischer Abhandlungen. „Beiträge zur Untersuchung des Einflusses von Lebensstellung und Beruf auf die Mortalitätsverhältnisse." I. 2. Jena 1877. S. 40.

bei Rathenow stand mir auch ein Kirchenbuch seines Filials Butzow zur Verfügung. In demselben ist das Alter der Sterbenden seit 1691 aufgezeichnet, von 1715 hören aber leider die Angaben darüber auf. Von 1691—1715 waren unter 80 Gestorbenen 8 im ersten Lebensjahre, d. h. 125 $^0/_{00}$. Von 1000 Lebendgebornen starben im ersten Jahre 80 $^0/_{00}$. In derselben Periode wurden 125 Kinder gegeboren, das Verhältnis der Gestorbenen zu den Gebornen betrug danach 100 : 156,' also genau so, wie in den beiden Dörfern Messow und Lychen. Die Kindersterblichkeit ist demnach in Butzow eine äufserst geringe gewesen, ebenso der Prozentsatz der Totgebornen, der sich auf 1,9 % belief, was wohl auf unzulängliche Notierung zu schieben ist.

Indes ist die Anzahl der Fälle zu gering, um weitere Schlüsse daraus ziehen zu wollen.

Zum Vergleiche mögen einige Ziffern aus der Gegenwart dienen: Von 100 Lebendgebornen starben in 0—1 Jahre: 1687—91 nach Halley in Breslau = 29,5.

1881[1]) und 1887 in folgenden Städten:

	1881:	1887:
München	34,09	32,4
Breslau[2])	32,01	29,5
Königsberg	29,63	—
Berlin	28,15	24,6
Budapest	27,26	—
Leipzig	26,09	18,9
Danzig	25,64	—
Dresden	23,69	21,3
Köln	20,87	24,9
Hamburg	18,93	29,6
Wien	18,45	19,6
Stockholm	18,30	—
Magdeburg	17,92	22,4
Frankfurt a/M.	17,83	—
Paris	16,72	—
London	14,75	—

Deutsches Reich 1871—81 = 23,5

---

[1]) Körösi, Die Kindersterblichkeit in Budapest. Budapest 1885. Magdeburgische Statistik. 8. H. Magdeburg 1888.

[2]) Breslauer Statistik, 11. Serie, 8. H. Breslau. S. 91. (1876—85 in Breslau = 30,69.)

In betreff der unehelichen Geburten war man für die Zeit bis in 1700 bisher nur auf die eine Angabe Kirchhoffs angewiesen, der zufolge an der Barfüfser-Kirche in Erfurt von 1573—80 2 % Uneheliche geboren wurden.

Verfasser ist nun in der glücklichen Lage, auf Grund des Kirchenbuches der St. Moritz-Kirche in Halle, in dem alle Geburten der drei Hauptkirchen und darunter die Unehelichen alljährlich summarisch verzeichnet sind, von 1610 an über die uneheliche Fruchtbarkeit von Halle Aufklärungen geben zu können; Aufklärungen, welche ein überraschendes Resultat ergeben:

Uneheliche.

Erfurt (Barfüfser-Kirche)	1573—80	2 %
Halle (3 Kirchen)	1610—1700	1,8 %
	1610—19	0,5 %
	1620—49	1,7 %
	1650—69	0,8 %
	1670—89	2,3 %
	1690—99	2,7 %

Das Ergebnis dieser Tabelle ist:

1. Im 17. Jahrhundert ist im ganzen der Prozentsatz der Unehelichen in Halle ein sehr niedriger, = 1,8 %. Der Zuschlag, der infolge des Fehlens der Totgeburten gemacht werden mufs, ist so unerheblich (wie die genaue Durchsicht der Jahre 1670—1702 ergeben hat), dafs im höchsten Falle die 1,8 % auf 2 % erhöht werden würden.

Dann ist der hallesche Prozentsatz genau gleich dem von Kirchhoff für Erfurt ermittelten.

2. Der Prozentsatz steigt im Verlaufe des 17. Jahrhunderts unaufhaltsam von 0,5 % auf 2,7 %. Während des 30jährigen Krieges erreicht er seinen Höhepunkt in 1620—1629 mit 2,9 %.

Ob nun diese verhältnismäfsig geringe Zahl der unehelichen Kinder eine allgemeine Erscheinung war, ist zwar nicht unwahrscheinlich, läfst sich aber bis jetzt noch nicht behaupten.

Kapitel III.
Das achtzehnte Jahrhundert.

Einer der schrecklichsten Feinde des Menschen, die Pest, ist seit Ende des 17. Jahrhunderts aus Deutschlands Grenzen verbannt.[1]) In den Jahren 1707—14 versuchte sie wieder ihr altes Terrain zu erobern, vermochte aber nicht über die östlichen Grenzbezirke hinaus zu dringen. — Gleichwohl aber ist keine wesentliche Besserung in sanitärer Hinsicht zu verzeichnen. Typhus, Pocken, alle möglichen Fieber herrschen ununterbrochen fort; der spanische, der nordische, die österreichischen, die napoleonischen Kriege, sie erhalten im Verein mit den Krankheiten aller Art den Strom der Volksvermehrung in wellenförmiger Bewegung.

Aber der Strom fliefst unaufhaltsam fort. Konnten wir — s. oben S. 33 — die Bevölkerung Deutschlands vor dem 30jährigen Kriege auf ca. 25 Millionen annehmen, so schätzt Süfsmilch-Baumann[2]) dieselbe ca. 1770 wieder ebenso hoch für einen Bestand von 11 793 ☐Meilen; 1816 betrug die Einwohnerzahl Deutschlands in seinem jetzigen Umfange — 9818 ☐Meilen — über 24 Millionen.

Indes sind diese Angaben über die Volkszahl vor 1816 nur Schätzungen, die im günstigsten Falle nur Anspruch auf Wahrscheinlichkeit machen können; es fehlt also bis 1816 immer noch die Reduktionsziffer, mit einzelnen Ausnahmen, wie wir später sehen werden.

Dagegen hebt sich in anderer Beziehung das 18. Jahrhundert von dem 17. in sehr erfreulicher Weise ab. Während unsere statistischen Beobachtungen mit Ausnahme Württembergs sich nur auf

---

[1]) **Hirsch**, Die allgemeinen akuten Infektionskrankheiten vom historisch-geograph. Standpunkte. 2. Aufl. Stuttgart 1881. S. 349—84.
[2]) **Süfsmilch** a. a. O. III, S. 333.

einzelne Städte und zwei Dörfer bisher erstrecken konnten, verbreitert sich von ca. 1690 ab das Material in sehr bedeutendem Mafse: die Geburts- und Sterbefälle ganzer Länder — Preufsen, Hannover, England, Schweden, Holland — liegen zur Vergleichung vor. Aber noch mehr. Diese Zahlen haben auch ihre Verwertung und Verarbeitung gefunden in einem Werke, das einige einleitende und zugleich anerkennende Worte verdient: „Die göttliche Ordnung in den Veränderungen des menschlichen Geschlechts, aus der Geburt, dem Tode und der Fortpflanzung erwiesen von J. P. Süfsmilch." Berlin 1775. 4. Aufl.

Dieses Buch ist das erste grundlegende Werk der Bevölkerungswissenschaft. Angeregt durch die verschiedenen Spezial-Untersuchungen Derhams, Graunts, Pettys, Kings, Halleys, Kerssebooms, Struyks, Déparcieuxs, Wargentins, machte Süfsmilch den Versuch, diese vielfach gleich als „Regeln" gefafsten Geburts- und Absterbeordnungen" durch neue Beobachtungen zu ergänzen, zu erweitern, zu berichtigen und einheitlich zusammenzuschmelzen: „er wurde[2]) der erste Systematiker der von Graunt-Petty begründeten neuen Wissenschaft der politischen Arithmetik", indem er einerseits mit vollem Bewufstsein überall das Prinzip der grofsen Zahl, soweit möglich, durchführte und den zu verarbeitenden Stoff in bestimmte Kategorieen — Sterblichkeit, Fruchtbarkeit, Vermehrung — eingliederte, anderseits aus den Ergebnissen politische und soziale Grundsätze herleitete. Wegen dieses bahnbrechenden und umfassenden Vorgehens wird ihm für alle Zeit ein hervorragender Platz in der Bevölkerungswissenschaft bewahrt bleiben.

Gleichwohl haften dem Werke, wie es bei dem damaligen Stande der Statistik nicht anders möglich war, bedeutende Mängel an, wegen deren die Süfsmilchschen Zahlen nur mit grofser Vorsicht zu verwerten sind.

Zunächst vermischt sich mit Süfsmilchs realistischer Methode in eigentümlicher Weise sein theologischer und teleologischer Standpunkt. Sein ganzes Buch könnte man als einen Beweis für die Wahrheit des biblischen Spruches: „Seid fruchtbar und mehret euch" erachten. Er kann nicht genug die Weisheit des Schöpfers preisen, der von Anfang an in das menschliche Geschlecht die Tendenz zur Vermehrung gelegt habe. Die Vermehrung geht in einer bewunderns-

---

[1]) Süfsmilch, Die göttliche Ordnung etc. Berlin 1775. I. Vorrede.
[2]) John a. a. O. S. 273.

würdigen Ordnung und Regelmäfsigkeit vor sich (das Entstehen und Vergehen einer Generation vergleicht er sehr schön mit einem vorüberziehenden Heere). Aber er hält sich hierbei merkwürdigerweise von dem Fehler frei, der dieser Auffassungsweise sehr nahe liegen mufste, und dem später Quetelet verfallen ist, dem Fatalismus. Die von ihm beobachtete Ordnung ist kein starkes Naturgesetz. Alle möglichen Momente wirken modifizierend auf sie ein; Krieg, Pest, Klima, Fruchtbarkeit des Landes, Industrie, Moral etc. Aber diese Einflüsse hält er im Gegensatz zu Malthus nicht für naturnotwendige. Im Gegenteil, in den meisten Fällen trägt die Schuld der Unverstand der Menschen.

Es könnte sehr gut bei fortgeschrittener Kultur der Fall sein, dafs, wenn die Erde genugsam mit Menschen angefüllt sei, die weitere Vermehrung durch moralische Enthaltsamkeit, sei es überhaupt im Eheschliefsen, wie auch in der Ehe, zu verhindern — doch liege dieses ja noch in weiter Ferne.

Diese theologisierende Tendenz verleitet also Süfsmilch gleichwohl nicht zu falschen Konsequenzen; aber sie trat einer historischen Auffassung des Stoffes hindernd in den Weg. Trotzdem ihm, wie wir gesehen, Material für ca. 150 Jahre vorlag, und vielleicht noch mehr hätte beschafft werden können, — wenn eben damals der Sinn für historische Betrachtung schon geweckt und geschärft gewesen wäre, — so benutzte er doch dasselbe nur, um für seine Zeit eine gültige Ordnung zu umgrenzen, eine Ordnung, die in ihrer Grundtendenz — mit zeitlichen und örtlichen Modifikationen — eine dem Menschengeschlecht gegebene Bestimmung sei.

Davon abgesehen, bietet das Süfsmilchsche Werk sehr wertvolle Beiträge zur Beurteilung des Kulturzustandes im vorigen Jahrhundert; das Werk verdiente es, durch eine eingehendere Arbeit seinem Inhalte nach unserer Litteratur wiedergeschenkt zu werden. Hingegen sind die Zahlenresultate, die Süfsmilch mit dem Anschein grofser Exaktheit gibt, nur mit grofser Vorsicht zu verwerten.[1]

Süfsmilch weifs ganz genau, von wieviel Menschen einer in den Städten, auf dem platten Lande, in ganzen Ländern stirbt etc., während wir diese Verhältnisse leider für die früheren Perioden nicht bestimmen konnten. Es scheint also, als ob durch Süfsmilch

---

[1] John, Geschichte der Statistik. Stuttgart 1884. S. 250 Anmerkung, macht Süfsmilch den Vorwurf vorschneller Generalisationen, ohne, was aber entschieden sehr notwendig war, diese Fehler aufzudecken.

auch in dieser Beziehung ein grofser Fortschritt vermittelt ist. Aber diese Illusion wird sehr bald zerstört.

Zwar finden sich im Süfsmilch einige Spuren von Zählungen der Einwohner, so §§ 25 u 31, 32 u. 27. 58, 112. So § 25: „Bei einer gehaltenen Nachzählung der Lebenden ist in Zusammenhaltung deren Verzeichnisse mit den Totenlisten befunden worden, dafs im Jahre 1755" (in Hannover) etc.; ferner § 31 für Württemberg in den Jahren 1751—54; für 1056 Dörfer der Kurmark und 20 kleine Städte und Marktflecken (1739—48) cf. I. Tabelle I.; für 39 holländische Dörfer § 112; für 54 englische Kirchspiele und 7 Marktflecken § 59 I. Tabelle II und § 32." „In einer ansehnlichen Provinz lebten im Jahre 1755 bis 635 998 Seelen, von welcher Zählung aber alle Familien ausgeschlossen waren, die zum Soldatenstande gehörten" etc.; schliefslich § 27 (für Schweden): „Wenn die ganze Menge Volks in allen Lehnen, die Städte mit eingeschlossen ... durch die Zahl der im Jahre 1749 Gestorbenen dividiert wird, so" etc. Im § 58 wird noch eine Zählung der Lebenden in 22 holländischen Dörfern erwähnt, — aber das ist auch alles, was wir bei Süfsmilch über Volkszählungen erfahren.

Und doch wissen wir,[1]) dafs in Preufsen seit 1723 sogenannte Populationstabellen (Schema: Männer, Frauen, Kinder, Söhne, Töchter, Knechte, Gesellen, Jungen, Mägde), seit 1749 mit erweitertem Inhalte, angefertigt wurden, — allerdings mit mehrmaligen Unterbrechungen.

Nach diesen gibt Klinckmüller eine Tabelle der Kurmark für alle Jahrzehnte, von 1730—1800; ebenso hat Dieterici[2]) die Bevölkerung der Kurmark für einzelne Jahre dieser Periode in einer Tabelle zusammengestellt.

Mögen nun diese Tabellen Süfsmilch zu unvollkommen erschienen sein, oder war ihre Publikation nicht erwünscht, kurz, Süfsmilch benutzt sie nicht, ohne einen Grund dafür beizubringen, oder sie überhaupt zu erwähnen.

Auf Grundlage obiger sieben Beispiele, in denen die Zahl der Lebenden angegeben ist, und namentlich der der Liste von den kurmärkischen Dörfern und kleinen Städten, abstrahiert Süfsmilch seine Verhältniszahlen, die er nun auf andere Länder und Städte

---

[1]) Klinckmüller, Die amtliche Statistik Preufsens im vorigen Jahrhundert. Jena 1880.
[2]) Mitteilungen des statist. Büreaus. Berlin 1850. Bd. 3 S. 202. „Über die frühere und die gegenwärtige Bevölk. d. jetzigen Prov. Brandenburg."

anwendet. Indem er mit denselben Geborne und Gestorbene multipliziert und daraus das arithmetische Mittel zieht, glaubt er die Zahl der Lebenden sicherer bestimmt zu haben, als durch eine wirkliche Volkszählung.

Da ihm aber die Listen nur über kürzere Perioden zu Gebote stehen, so sucht er dem Umstand, dafs dann ein epidemisches Jahr die gewöhnlichen Verhältnisse sehr zu ihren Ungunsten verschieben kann, durch Eliminierung derartiger Jahre Rechnung zu tragen, verfällt aber dadurch in den entgegengesetzten Fehler, die Verhältnisse günstiger darzustellen, als sie in Wirklichkeit gewesen sind. — Nach dieser, der Anlage der Arbeit entsprechend kurz gehaltenen Kritik des Süfsmilchschen Werkes, wird es jetzt unsere Aufgabe sein, das Brauchbare aus demselben herauszuschälen.

1. Die Geburten.

Untersuchen wir zunächst die sechs Fälle, in denen Zählungen der Lebenden vorliegen.

1. Nach § 21 hatte Süfsmilch die Prediger der Kurmark ersucht, ihm eine 10jährige Liste der Gebornen, Gestorbenen, Lebenden etc. anzufertigen; von 1056 Dörfern lieferten ihm dieselben brauchbares Material, ebenso von 20 kleinen Städten und Marktflecken.

Die Zahl der Lebenden bezog sich auf das Jahr 1748, die Listen auf die Periode 1739—48, in welcher 2 epidemische Jahre (1741—42) befindlich waren. Aus den Listen der Dörfer berechnet Süfsmilch das Verhältnis der Getauften zu den Lebenden auf 1:30, welcher Zahl einer Geburtenziffer von 33 $^0/_{00}$ entspricht. Indes hat Süfsmilch ein Moment aufser Betracht gelassen, dafs nämlich die Bevölkerung in dem 10jährigen Zeitraume beträchtlich angewachsen ist. Indem er die Volkszahl für das letzte Jahr als Grundlage für die 10 Jahre nimmt, verfällt er unbewufst in den Fehler der Annahme einer stationären Bevölkerung.

Glücklicherweise sind wir in der Lage, diesen Fehler beseitigen zu können. Nach Süfsmilch lebten in den betreffenden 1056 kurmärkischen Dörfern 1748 213 744 Personen. Klinckmüller — in der oben angezogenen Schrift — findet S. 6 für 1750 eine Landbevölkerung der Kurmark von 309 943 Seelen, für 1740 aber 263 792 Personen. Im Verhältnis dazu würden 1739 in den 1056 Dörfern 181 917 Personen gelebt haben. Das arithmetische Mittel aus dieser Zahl und obiger 213 744 würde dann die richtige Reduktions-

ziffer sein : 197 830. Dann erhielten wir das Verhältnis 1 : 27,8, d. h. eine Geburtenziffer von 36 °/₀₀, gegen die Süfsmilchsche von 33,8 °/₀₀.
— Für die 20 kleinen Städte findet Süfsmilch das Verhältnis von 1 : 24,7 = einer Geburtenziffer von 40,5 °/₀₀, die aber wegen desselben Fehlers auch erhöht werden mufs, also auf etwa 41—42 °/₀₀.

2. Für Schweden, wo demnach schon Volkszählungen stattgefunden haben, gibt Süfsmilch aus Wargentins Abhandlungen im § 109 das Verhältnis der Getauften zu den Lebenden für das Jahr 1746 auf 1 : 28,5 an, das einer Geburtenziffer von 35 °/₀₀ entspricht.¹)

3. Welches die „ansehnliche Provinz" gewesen ist, deren Einwohnerzahl im § 32 auf 635 998 angegeben wird und woher diese Zahl stammt, darüber erfahren wir bei Süfsmilch nichts. Aber wir haben keinen Grund — bei Süfsmilchs Gewissenhaftigkeit — dieser Angabe ein gröfseres Mifstrauen entgegen zu bringen, als allen anderen damaligen Zählungen. Dafs letztere auf Exaktheit und Genauigkeit keinen Anspruch machen können, braucht wohl nicht mehr betont zu werden, gleichwohl genügen sie zu ungefährer Schätzung. In dieser „ansehnlichen Provinz" nun war das Geburtenverhältnis 1755 nach Süfsmilch 1 : 24,6, d. h. die Geburtenziffer betrug 40,6 °/₀₀.

4. Die von Struyck über 39 holländische Dörfer aufgestellten Listen — 41 953 Lebende, 1781 Getaufte — für „verschiedene durcheinander gerechnete Jahre" ergeben nach Süfsmilch — § 112 — ein Verhältnis von 1 : 23,5, d. h. eine Geburtenziffer von 42,5 °/₀₀.

5. Die Shortschen Listen von 54 (s. § 59, I, Tab. II) Kirchspielen (Dörfern?) und 7 Marktflecken für 10 Jahre, mit der Einwohnerzahl von allerdings nur einem Jahre — 1740 — führen zu einem ähnlichen Resultate, wie es Süfsmilch sub 1 erhalten hat:

1 : 29,8 für die Dörfer,
1 : 29,5 für die 7 Marktflecken,
1 : 29,6 für beide zusammen, die Geburtsziffer

= 33,7 °/₀₀.

Doch wie weit dieser Tabelle zu trauen ist, ob Short nicht demselben Fehler wie Süfsmilch verfallen ist etc., läfst sich leider nicht entscheiden.

Damit wären die Angaben für die Lebenden erschöpft; für Hannover und Württemberg (cf. § 25 und 31 bei Süfsmilch) besitzt derselbe nur die Verhältniszahlen der Gestorbenen zu den

---

¹) In dem Zeitraum 1871—85 war die Lebendgeburtenziffer in Schweden 30,1 °/₀₀. Danach würde die Ziffer 35°/₀₀, die übrigens in den einzelnen Landesteilen von 40°/₀₀ auf 32°/₀₀ schwankte, nicht unwahrscheinlich sein.

Lebenden. Folgende Tabelle möge die Resultate noch einmal zusammenfassen:

		Geburtenziffer:
	39 holländische Dörfer	42,5 °/₀₀
1755 =	„ansehnliche Provinz"	40,6 °/₀₀
1739—48 =	20 kurmärkische Städte	40,5 °/₀₀
„ „ =	1056 kurmärkische Dörfer	36,0 °/₀₀
1746 =	ganz Schweden	35,0 °/₀₀
1740 =	engl. Dörfer und Marktflecken	33,7 °/₀₀

Für das Grofsherzogtum Oldenburg findet sich in den „Statistischen Nachrichten des Grofsherzogtums Oldenburg"; XI. Heft, Teil 2. Oldenburg 1870, eine Bearbeitung der ältesten statistischen Daten bis 1760. Nach denselben (s. S. 100) betrug die Geburtenziffer:

1760—69	36,6 °/₀₀
1770—80	33,8 °/₀₀
1781—90	31,6 °/₀₀
1791—1800	33,8 °/₀₀
1801—10	33,8 °/₀₀
1811—20	34,2 °/₀₀
1821—40	32,8 °/₀₀
1846—60	31,5 °/₀₀
1876—85[1])	34,2 °/₀₀

Weitere Nachrichten über Zählungen der Einwohner sind aus der Rheinprovinz erhalten[2]), so über Kleve von 1705, Mörs 1705, Geldern von 1743 an:[3])

Kleve	1705—87	36 °/₀₀
Mörs	1705—87	50 °/₀₀
Geldern	1743—80	41 °/₀₀

Der Vorwurf voreiliger Generalisierung, den man Süfsmilch bis zu einem gewissen Grade macht, trifft aber bei seinen Untersuchungen über die Fruchtbarkeit am wenigsten zu.

Er erklärt ausdrücklich selbst (§ 117), dafs er obige Beispiele

---

[1]) Zeitschrift des Kgl. Sächs. Statist. Bür. XXXIII. Jahrg. 1887. H. 1 u. 2, S. 11.

[2]) Hirschfeld, G. v., „Geschichte und Statistik der Fruchtbarkeit, Sterblichkeit und allgem. volkswirtschaftl. Entwickelung in Rheinland und Westfalen" in den Korrespondenzblättern des niederrhein. Vereins für öffentl. Gesundheitspflege Bd. III. Nr. 3, 4, 7, 8, 9, auch als Sep.-Abdr.

[3]) Da jedoch Hirschfeld keine genaueren Quellenangaben beifügt, so können obige Zahlen doch nur von zweifelhaftem Werte sein.

zur Herleitung einer allgemeinen Regel nicht für hinlänglich erachten kann, und zwar aus folgenden Gründen:
1. „Das Verhältnis ist noch zu schwankend und zu weit abstehend." (42,5 $^0/_{00}$ — 33,7 $^0/_{00}$.)
2. „Die meisten Verhältnisse sind nur noch von Dörfern allein, oder von einigen Städten allein. Von ganzen Provinzen, wo Städte mancherlei Art und Dörfer untereinander sind, haben wir noch keine Regeln, aufser von Schweden, wo aber doch auch der Abstand von 40 $^0/_{00}$ — 32 $^0/_{00}$ ist. Überdem war das Jahr 1749 nur ein einziges und in Schweden ein epidemisches Jahr, woraus die Verhältnisse genommen sind."
3. „übt die Zahl der geschlossenen Ehen einen bedeutenden Einflufs auf die Fruchtbarkeit aus. Die Zahl der Heiratenden aber hängt ab von den Beweggründen und Hindernissen." — Es wird daher nötig sein, die Höhe der Eheziffer (genauer Eheschliefsungsziffer) zu bestimmen.

2. Die Eheschliefsungen.

Wie schon angedeutet, hat Süfsmilch eine völlig klare Erkenntnis darüber, dafs die hohe oder niedrige Zahl der Eheschliefsungen zum grofsen Teil durch die wirtschaftliche Lage, durch die für eine Familie erforderlichen Existenzmittel, beeinflufst wird, (§ 55) dafs daher in den verschiedenen Städten und Dörfern, überhaupt Gegenden sowohl als auch Zeiten, die Ehefrequenz eine verschiedene sein mufs. Folgende Tabelle möge das von Süfsmilch benutzte Material zusammenfassen:

Verhältnis der Eheschl. zu d. Lebenden:		Eheschliefsungsziffer:
22 holländ. Dörfer [1]	1 : 64	15,6 $^0/_{00}$
20 kurmärk. Städte	1 : 98	10,2 $^0/_{00}$
1056 „ Dörfer	1 : 108	9,2 $^0/_{00}$
54 engl. Kirchspiele und 7 Marktflecken	1 : 117	8,5 $^0/_{00}$
„Ansehnliche Provinz"	1 : 125	8,0 $^0/_{00}$
Schweden	1 : 126	7,9 $^0/_{00}$

Zum Vergleiche mögen folgende Zahlen dienen: In den Jahren 1867—86 war in Preufsen [2] die

---
[1] Wenn wir hier bei den kurmärkischen Dörfern denselben Fehler berichtigten, wie oben bei der Geburtenziffer (cf. S. 93 ff.), so ergäbe sich eine Eheschliefsungsziffer von 10,0 $^0/_{00}$; für 90 kurmärkische Städte eine solche von ca. 10,5 $^0/_{00}$.
[2] Preufsische Statistik XCIV. Berlin 1888. S. XII.

	Eheziffer:	Geburtenz.:	Sterbez.:
			incl. Totgeb.
Staat	8,5	40,0	28,0
Städte	9,2	39,3	29,4
Plattes Land	8,0	40,4	27,1

Preufsen 1876—85: Eheschliefsgzz.: Lebendgbz.: Geatz. incl. Totgeb.:
7,9   38,3   27,0

Oldenburg¹) wies in den folgenden Jahren folgende Eheziffern auf:

1760—69	10,0 ⁰/₀₀
1770—80	8,3 ⁰/₀₀
1781—90	8,6 ⁰/₀₀
1791—1800	8,9 ⁰/₀₀
1841—60	8,1 ⁰/₀₀
1876—85	7,8 ⁰/₀₀

3. Die Sterbefälle.

Die Sterblichkeit ist das Gebiet, auf dem wir das von Süfsmilch so fleifsig gesammelte Material am vollkommensten verwerten können. Wir brauchen uns nicht nur auf die wenigen Fälle zu beschränken, in denen eine Vergleichung mit der Zahl der Lebenden möglich ist, sondern wir können nun in viel weiterem Umfang das Verhältnis der Gestorbenen zu den Gebornen untersuchen.

a. Die Sterbeziffer.

Jahr.	Bezirk.	Sterbeziffer.	Geburtsziffer.
1739—48	20 kurmärkische Städte	35,0 ⁰/₀₀	40,5
1751—54	Württemberg	31,0 „	—
10 Jahre	7 englische Marktflecken	30,7 „	—
1755	„Ansehnliche Provinz"	30,3 „	40,6
1755	Hannover	28,7 „	—
1739—48	1056 kurmärkische Dörfer²)	28,1 „	36,0
10 Jahre	54 englische Dörfer	27,0 „	33,7
1749—50	Schweden	25,0 „	35,0

¹) Die älteren Zahlen aus den „Statistischen Nachrichten über das Grofsherzogtum Oldenburg" Heft 11, Teil 2. Oldenburg 1870. S. 100. Die letzte aus der Zeitschrift des Kgl. Sächsischen Statist. Büreaus. XXXIII. Jahrg. Dresden 1887. H. 1 u. 2 S. 11.

²) In obiger Tabelle ist der von Süfsmilch gemachte Fehler berichtigt. Nach S. würden die Sterbeziffern für die kurmärk. Dörfer und Städte 25,9 und 34,2 betragen.

Indem Süfsmilch nun noch das Verhältnis der Gestorbenen und Gebornen für grofse Städte und ganze Provinzen in Betracht zieht, glaubt er folgende Regel für die Sterblichkeit aufstellen zu können: Die Sterbeziffer ist

In ganz grofsen Städten 40 $^0/_{00}$
„ mittleren „ 35 $^0/_{00}$
„ kleinen „ 31 $^0/_{00}$
„ allen „ 33 $^0/_{00}$
Auf dem Lande 26 $^0/_{00}$
In ganzen Ländern 28 $^0/_{00}$

Ehe wir uns an eine Kritik dieser von Süfsmilch behaupteten Ziffern begeben können, ist es nötig, auf das Verhältnis der Gestorbenen zu den Gebornen des näheren einzugehen.

b. **Das Verhältnis der Gestorbenen zu den Gebornen.**

Im Verlaufe unserer Untersuchung waren wir zu dem Resultate gelangt, dafs in den von uns beobachteten Städten bis Ende des 17. Jahrhunderts in gröfseren Durchschnitten die Zahl der Gestorbenen die der Gebornen stets übertraf, während in den beiden Dörfern (Lychen und Messow) das umgekehrte Verhältnis stattfand.

Wir können daher unsere Untersuchung an dieser Stelle auf die Zeit vom Ende des 17. bis zur Mitte des 18. Jahrhunderts beschränken.

aa. **Die Städte.**

Laufende Nr.		Stadt.	Jahr.	Jährl. Zahl der Gebornen.	Gest. zu Gebornen wie:
1.		Stendal [1])	1700—99	133	100 : 97
2.		Erfurt	1700—99	694	100 : 93
3.		Halle	1700—99	700	100 : 82
4.	1.	Paris [2])	1726—58	19 369	100 : 101
5.	2.	Berlin	1712—56	4275	100 : 96
6.	3.	Gonda	1701—39	574	100 : 95
7.	4.	Dresden	1704—52	1946	100 : 90
8.	5.	Dortrecht	1700—39	577	100 : 89
9.	6.	Danzig	1701—50	1762	100 : 85
10.	7.	Augsburg	1704—50	1007	100 : 85 -
11.	8.	Breslau	1694—1735	1329	100 : 83
12.	9.	Leipzig	1701—56	801	100 : 82
13.	10.	Wien	1720—52	5226	100 : 80
14.	11.	Rom	1709—43	4703	100 : 80
15.	12.	Salzburg [3])	1701—90	268	100 : 78
16.	13.	Kopenhagen	1711—58	2576	100 : 74
17.	14.	London [4])	1701—50	14 457	100 : 66

[1]) Die Zahlen für die drei ersten Städte sind den schon mehrfach citierten

bb. Dörfer und kleine Städte (Marktflecken).

Jahr.	Ort.	Gest. zu Gebornen wie:
1700—49	Messow	100 : 135
1700—74	Lychen	100 : 125
		(1700—69 100 : 133)
1789—48	1056 kurmärkische Dörfer	100 : 127
10 Jahre (um 1740)	54 englische Dörfer	100 : 124
1789—48	20 kurmärkische Marktflecken	100 : 117
10 Jahre (um 1740)	7 englische Marktflecken	100 : 110

cc. Länder und ganze Provinzen.

Laufende Nr.	Land oder Provinz.	Jahr.	Gest. zu Gebornen wie:
1.	Lauenburg u. Bütow	1698—1756	100 : 151
2.	Pommern	1694—1756	100 : 138
3.	Kurmark Brandenburg	1692—1756	100 : 137
4.	Neumark Brandenburg	1695—1756	100 : 136
5.	Hohenstein	1692—1756	100 : 135
6.	Königr. Preufsen	1698—1756	100 : 133
7.	Prov. Preufsen	1693—1756	100 : 125
8.	Dänemark u. Norwegen	1743—1756	100 : 123
9.	Magdeburg u. Mansfeld	1691—1756	100 : 123
10.	Mörs	1715—1756	100 : 122
11.	Minden u. Ravensberg	1688—1756	100 : 121
12.	Geldern	1719—1756	100 : 120
13.	Kleve u. Mark	1698—1756	100 : 117
14.	Lingen	1715—1756	100 : 116
15.	Halberstadt	1689—1756	100 : 115
16.	Tecklenburg	1715—1756	100 : 111
17.	Ost-Friesland	1748—1756	100 : 109

(Preufsen [b]) 1876—85 == 100 : 141.)

Arbeiten von Götze, A. Kirchhof und v. Bärensprung entnommen, die übrigen aus Süfsmilch zusammengestellt.

*) Dieses verhältnismäfsig günstige Verhältnis führt Süfsmilch darauf zurück, dafs es in Paris Sitte sei, die kleinen Kinder von Ammen auf dem Lande grofs ziehen zu lassen.
*) Österr. Städtebuch v. Inama-Sternegg, II. Wien 1888.
*) Die Liste der Getauften unvollständig, daher dies Verhältnis unbrauchbar. cf. S. I. § 139.
*) Zeitschr. d. Kgl. Sächs. Stat. Bür. XXXIII. Jahrgang. Dresden 1887. H. 1 u. 2 S. 11.

cc. **Ergebnisse der Tabellen.**

Das Verhältnis der Gestorbenen zu den Gebornen schwankt:
In den Städten von 100 : 96 bis 66
„ „ Dörfern und Marktflecken von 100 : 135 „ 110
„ ganzen Ländern von 100 : 133 „ 123
„ einzelnen Provinzen von 100 : 138 „ 125

Es ist augenfällig, dafs zwischen den Verhältnissen auf dem Lande und den in den Städten ein höchst markanter Unterschied besteht. In den Städten übertrifft die Zahl der Gestorbenen ohne Ausnahme die der Lebenden, während auf den Dörfern, in den Marktflecken, Provinzen und ganzen Ländern der Geburtenüberschufs über die Gestorbenen ein nicht unbedeutender ist.

Baumann, der Herausgeber der 4. Auflage des Süfsmilchschen Werkes (1775) bemerkt (III, S. 52) sehr treffend: „Der wahre Gewinn der Bevölkerung ist eigentlich auf dem Lande zu suchen. Die Städte haben zu dieser ansehnlichen Vermehrung (der Bevölkerung seit dem 30jährigen Kriege) das wenigste beigetragen und grofse Städte gar nichts. Wenn also Städte auch noch so sehr vergröfsert werden, so kann die Bevölkerung dadurch nichts gewinnen, weil darin immer mehrere sterben als geboren werden." Auch über den Einflufs der Zusammensetzung der Bevölkerung einer Provinz oder eines ganzen Landes aus Stadt- und Landbewohnern — in Hinsicht auf ihr quantitatives Verhältnis — auf die Sterblichkeit, wie auch über den Einflufs des Klimas, der geographischen Lage, der Beschäftigung, der Moralität, um von den Kriegen und Epidemieen nicht zu reden, hat Baumann (S. III § 35) völlig richtige Ansichten. Er fühlt sich daher selbst verpflichtet, Süfsmilchs starrer Sterberegel einen weiteren Spielraum und dehnbarere Elasticität zu geben. Wenn Süfsmilch behauptete (I § 42): „Man bedenke nur, was dazu gehöret, dafs diese Gesetze alljährlich so beständig bleiben können? Alle Alter, Geschlechter, Stände und Krankheiten müssen ihr gesetztes beytragen, um das bestimmte Mafs der Sterblichkeit jährlich zu erfüllen, und zu verursachen, dafs in einer Provinz jährlich einer von 36 sterben könne," — so trägt Baumann obigen Momenten Rechnung und läfst das $1/_{36}$ zwischen $1/_{28}$—$1/_{88}$ im Falle der gewöhnlichen Sterblichkeit variieren.

Um obige Verhältnisse auf die uns geläufigeren Geburts- und Sterbeziffern leichter übertragen zu können, wollen wir jetzt eine konstante Geburtenziffer von 40 $°/_{00}$, die der von uns (S. 53) gefundenen etwa entspricht, annehmen und die Sterbeziffern dazu ins Verhältnis setzen. Folgende kleine Tabelle möge dies veranschaulichen:

Gestorbene : Gebornen = Sterbeziffer : Geburtsziffer
100 : 150 = 26,6 $^0/_{00}$: 40 $^0/_{00}$
100 : 140 = 28,5 $^0/_{00}$: 40 $^0/_{00}$
100 : 130 = 30,7 $^0/_{00}$: 40 $^0/_{00}$
100 : 120 = 33,8 $^0/_{00}$: 40 $^0/_{00}$
100 : 110 = 36,4 $^0/_{00}$: 40 $^0/_{00}$
100 : 100 = 40,0 $^0/_{00}$: 40 $^0/_{00}$
100 : 90 = 44,4 $^0/_{00}$: 40 $^0/_{00}$
100 : 80 = 50,0 $^0/_{00}$: 40 $^0/_{00}$
100 : 70 = 57,0 $^0/_{00}$: 40 $^0/_{00}$

Bei dieser natürlich nur fingierten Geburtenziffer von 40 $^0/_{00}$ würden sich dann folgende Sterbeziffern ergeben:

1. In den Städten 42 $^0/_{00}$—59 $^0/_{00}$
2. In den Dörfern und Marktflecken 29 $^0/_{00}$—36,4 $^0/_{00}$
3. In ganzen Ländern 30 $^0/_{00}$—34 $^0/_{00}$
4. In einzelnen Provinzen 29 $^0/_{00}$—32 $^0/_{00}$

Die Süfsmilchschen Ziffern dagegen waren folgende:
In 1. 35 $^0/_{00}$—40 $^0/_{00}$
„ 2. 26 $^0/_{00}$—31 $^0/_{00}$
„ 3. 28 $^0/_{00}$

Wollten wir nun — entsprechend der Tabelle auf S. 52 — für gröfsere Städte und Dörfer eine Geburtsziffer von 36 $^0/_{00}$, für ganze Länder eine solche von 38 $^0/_{00}$ annehmen, so erhielten wir folgende Sterbeziffern:

In 1. 37 $^0/_{00}$—54 $^0/_{00}$
„ 2. 28 $^0/_{00}$—32,8 $^0/_{00}$
„ 3. 28,4 $^0/_{00}$—30,5 $^0/_{00}$

Im allgemeinen sind demnach die Süfsmilchschen Ziffern zu günstig, besonders für die Städte; während er in Bezug aufs platte Land und ganze Länder wohl nicht sehr erheblich — abgesehen von zeitlichen und örtlichen Differenzen — unter dem richtigen Mafs geblieben ist.

Zum Vergleiche führen wir noch Oldenburg an:

	Geburtenziffer:	Sterbeziffer:
1760—69	36,6	29,7
1770—80	33,8	30,5
1781—90	31,5	26,9

— 59 —

```
                Geburtenziffer:   Sterbeziffer:
    1791—1800      33,8              26,1
    1841—60        31,5              22,6
    1876—85        34,2              22,7
```
sowie schliefslich Kleve, Mörs, Geldern (unter der Reserve von S. 53):

```
    Kleve   1705—87   36 °/oo  Gebz.   27,7 °/oo  Sterbez.
    Mörs    1705—87   50 °/oo    „     40,0 °/oo     „
    Geldern 1743—80   41 °/oo    „     36,1 °/oo     „
```

4. **Das Verhältnis der Eheschliefsungen zu den Getauften.**

In der zweiten Hülfte des 17. Jahrhunderts schwankte das Verhältnis der Trauungen zu den Taufen von 1:3 bis 1:4,5, im allgemeinen in aufsteigender Tendenz. Es ist nicht ohne Interesse, dasselbe im 18. Jahrhundert weiter zu verfolgen.

a. Das Verhältnis der Getrauten zu den Getauften in den Städten.

Lauf. Nr.	Stadt.	Jahr.	Proportion.	Jahr.	Proportion.
1.	Paris	1723—51	1 : 4,5	—	—
2.	Salzburg[1])	1701—99	1 : 4,2	1690—94	1 : 4,7
3.	Halle a/S.	1700—56	1 : 3,9	—	—
4.	Berlin	1712—56	1 : 3,8	—	—
5.	Danzig	1708—50	1 : 3,8	—	—
6.	Freiberg	1701—17	1 : 3,7	1617—1717	1 : 3,79
7.	Dresden	1703—52	1 : 3,6	1630—1703	1 : 3,29
8.	Kopenhagen	1719—34, 1751—54	1 : 3,35	—	—
9.	Augsburg	1705—50	1 : 3,3	1646—1703	1 : 3,68
10.	Gouda	1701—89	1 : 3,3	—	—
11.	Erfurt[2])	1700—99	1 : 3,2	1684—98	1 : 3,2
12.	Dortrecht	1700—89	1 : 3,2	—	—
13.	Leyden	1690—1739	1 : 3,2	—	—
14.	Leipzig	1701—56	1 : 3,0	1617—1700	1 : 3,1

```
            Preufsische Städte[3]) 1886   1 : 3,8
            Preufsischer Staat     1886   1 : 4,6
                 „            „   1881—85 1 : 4,7
```

---

[1]) Aus dem österreichischen Städtebuch II. Wien 1888.
[2]) Aus Kirchhoffs Abhandlung über Erfurt. Erfurt 1871.
[3]) Statistisches Handbuch des preufsischen Staates. Berlin 1888. I, S. 128 und
Preufsische Statistik XCIV. Berlin 1888. S. 12 und 11.

b. Dasselbe Verhältnis in Dörfern und Marktflecken.

Lauf. Nr.	Bezirk.	Jahr.	Proportion.	Jahr.	Proportion.
1.	Lychen	1700—74	1 : 4,7	1660—96	1 : 4,2
2.	54 englische Dörfer . . .	10 Jahre	1 : 4,0		
3.	20 kurmärk. Marktflecken	1739—48	1 : 8,9		
4.	7 englische Marktflecken	10 Jahre	1 : 3,9		
5.	Messow	1690—1749	1 : 8,9	1650—99	1 : 4,1
6.	1056 kurmärk. Dörfer . .	1739—48	1 : 3,6		

c. Dasselbe Verhältnis in Provinzen und ganzen Ländern.

Lauf. Nr.	Provinz oder Land.	Jahr.	Proportion.
1.	Prov. Preufsen und Litthauen	1693—1756	1 : 4,2
2.	Kgr. Preufsen (ohne Schlesien)	1698—1756	1 : 4,1
3.	Geldern	1719—1756	1 : 4,0
4.	Lauenburg und Bütow	1696—1756	1 : 4,0
5.	Magdeburg und Mansfeld	1691 - 1756	1 : 8,9
6.	Pommern	1694—1756	1 : 3,8
7.	Neumark Brandenburg	1695—1756	1 : 3,8
8.	Halberstadt	1689—1756	1 : 3,8
9.	Kurmark Brandenburg	1692—1756	1 : 3,7
10.	Ost-Friesland	1748—1759	1 : 3,7
11.	Hohenstein	1692—1756	1 : 3,6
12.	Minden und Ravensberg	1688—1756	1 : 3,6
13.	Kleve und Mark	1696—1756	1 : 3,6
14.	Tecklenburg	1715—1756	1 : 3,5
15.	Lingen	1715—1756	1 : 3,3
16.	Mörs	1715—1756	1 : 3,0

Preufsen [1]) 1876—1885 = 1 : 4,8.

5. Das Alter der Gestorbenen.

Den beiden Versuchen Graunts und Halleys, eine Absterbeordnung aufzustellen, die aber wegen der Unzulänglichkeit des Materials nur als bahnbrechende Erstlingsversuche wissenschaftlichen Wert haben können, glaubt Süfsmilch auf Grund seines viel um-

---
[1]) Zeitschr. d. Kgl. Preufs. Statist. Bür.

fassenderen Materials nicht unbedeutende Ergänzungen und Berichtigungen anreihen zu können.

Nachdem die Sterbetafel Süfsmilchs lange Zeit unumstritten ihre Herrschaft ausgeübt hatte, trat ein bedeutungsvoller Umschwung durch Mosers [1]) Kritik über dieselbe ein. Ihm folgten Fischer,[2]) Knapp u. a., auch Wappaeus.

Während Graunt und Halley mit vollem Bewufstsein wirkliche Absterbeordnungen einer gegebenen Anzahl Geborner hatten geben wollen, hatte Wargentin — und ebenso Kersseboom — in seinen „Anmerkungen über den Nutzen der jährlichen Verzeichnisse Geborner und Verstorbener" in „der Kgl. Schwedischen Akademie Abhandlungen aus der Naturlehre auf das Jahr 1755" (Deutsch von Kästner, Bd. 17, S. 84), — diese Methode mit der einer Verteilung der Verstorbenen nach dem Alter zusammengeworfen - ein unheilvoller Irrtum, den Süfsmilch nicht erkannte und von Wargentin aufnahm.

Die Voraussetzung zu diesem Vorgehen ist die Fiktion einer stationären Bevölkerung, bei welcher die Zahl der Sterbefälle gleich derjenigen der Geburten ist. Diese Voraussetzung nun stellte Süfsmilch selbst (§ 463 und § 464) als eine willkürliche und der Wirklichkeit nicht entsprechende hin.

Trotzdem wurde diese Altersklassifizierung der Gestorbenen als gültige Absterbeordnung nicht nur von den Versicherungsgesellschaften, sondern auch von der Wissenschaft acceptiert, bis eben die obenerwähnte Kritik einsetzte.

Inwieweit Halley schon bei seiner Sterbetafel mit dem Begriff der stationären Bevölkerung operiert hat, haben selbst die eingehenden Untersuchungen Knapps [3]) nicht zu entscheiden vermocht. Wenn nun auch die Süfsmilchschen Tabellen mit der Bezeichnung Absterbeordnung nicht belegt werden dürfen und daher mit den Sterbetafeln aus der Gegenwart nicht in Vergleich gesetzt werden können, so behalten sie doch als Tabellen der Verstorbenen nach Altersklassen ihren bedeutenden Wert. Eine eingehende Kritik des gesamten Materials Süfsmilchs über diese Frage, sowie eine Umarbeitung desselben nach der richtigen Methode würde, wenn überhaupt möglich, wenigstens aus dem Rahmen unserer Arbeit heraus-

---

[1]) Moser, Die Gesetze der Lebensdauer. Berlin 1839.
John, Geschichte der Statistik. Stuttgart 1884. S. 204 ff.
[2]) Fischer, Grundzüge des auf die menschliche Sterblichkeit gegründeten Versicherungswesens. Leipzig 1860. S. 29 ff.
[3]) Knapp, Theorie des Bevölkerungswechsels. Leipzig 1874. S. 58—59, 122 ff.

fallen. Wir müssen uns hier auf Wiedergabe seiner Tabellen, sowie auf Anführung zweier einfacher Beispiele beschränken. Zunächst sollen die Tabellen von Graunt, Halley, Kersseboom, Süfsmilch und Baumann zusammengestellt werden:
Von 1000 Lebendgebornen starben:

Alter.	Graunt.	Halley.	Kersseboom.	Süfsmilch				Baumann
				a. Land.	b. kl. Städte.	c. gr. Städte.	a+b+c.	a+b+c.
0—1	—	295	198	245	204	301	250	241
0—5	360	257	317	382	417	464	421	397
0—15	600	505	393	457	495	516	480	478
0—25	750	550	449	505	530	566	534	518

In den Jahren 1748—56 sind in Pommern[1]) — 2 epidemische Jahre, 1751 und 1752, mit eingerechnet, — von 1000 Gestorbenen im Alter gewesen:
  von 0—7 Jahren 403
  „ 0—14 „ 457
  „ 0—25 „ 501

In Lychen sind von den in 1660—1774 Verstorbenen alt gewesen:
  0—14 Jahr 522
  14—x „ 478

Diesen beiden letzten Beispielen sei die Absterbeordnung des Deutschen Reiches für 1871—81 (s. Novemberheft 1887, S. 2) gegenübergestellt:

Alter.	Pommern.	Lychen.	Deutsches Reich.
	1748—1756	1660—1774	1871—1881
0—1	—	—	235
0—7	403	—	350
0—14	457	522	(0—15) 376
0—25	501	—	414

Diese Tabelle entspricht der Ansicht, die wir a priori über das vorige Jahrhundert gegenüber dem unseren haben, dafs nämlich die Kindersterblichkeit gesunken ist. Doch diese Frage werden wir später noch ausführlicher behandeln.

Fassen wir die Ergebnisse über das 18. Jahrhundert nun in einem Gesamtbilde zusammen:

---
[1]) Süfsmilch a. a. O. I. Anhang.

Die Pest, ein in den früheren Jahrhunderten regelmäfsig wiederkehrender Feind, ist im 18. Jahrhundert verschwunden. Nur an die östliche Pforte Deutschlands klopft sie noch einmal in den Jahren 1709 —10 und rafft in Ostpreufsen und Litthauen über 200000 Menschen dahin. Aber an ihre Stelle treten zahlreiche andere Epidemieen, die sich zu ihrem Heerde besonders die Städte erwählen.

In diesen herrscht daher fast die gleich hohe Sterblichkeit, wie in den früheren Perioden; in keiner einzigen von den oben genannten Städten werden die Sterbefälle von den Geburten übertroffen; aber trotzdem erholen sich die meisten von den schweren Schlägen des 30jährigen Krieges und nehmen an Volkszahl zu.

Diese Zunahme ist demzufolge nur auf äufseren Zuzug, aus kleinen Städten und Dörfern, zurückzuführen. Dieser Vorgang, der eine weit geringere Sterblichkeit auf dem Lande zur Voraussetzung hat, konnte für frühere Zeiten — wenige Beispiele ausgenommen — nur als höchst wahrscheinlich vermutet werden; jetzt aber, da wir die Sterblichkeitsverhältnisse ganzer Länder und Provinzen zu übersehen vermögen, wird die Vermutung zur greifbaren Wirklichkeit. Während in den Städten das Verhältnis der Gestorbenen zu den Gebornen im Durchschnitt 100:80—90 beträgt, stellt sich dies Verhältnis für das Kgr. Preufsen (ohne Schlesien und Ost-Friesland) 1698—1756 (18 Jahre: 1698—1701, 1717—1728, 1751—1756) auf 100:133. (In den Jahren 1876—1885 betrug es 100:141 in Preufsen.)

Die Bevölkerungszunahme hat demnach in Preufsen während der angegebenen Jahre des Zeitraums von 1698—1756 = 9,6 °/₀₀ ausgemacht (1876—85 = 11,3 °/₀₀).

Zum Vergleiche wollen wir noch die oben dargelegten Verhältnisse von Mörs, Kleve, Oldenburg, Geldern und Württemberg heranziehen:

Preufsen	1698—1756	9,6 °/₀₀	1876—1885	11,3 °/₀₀
Mörs	1705 - 1787	10,0 °/₀₀		
Kleve	1705—1787	8,3 °/₀₀		
Württemberg¹)	1673—1802	6,7 °/₀₀	1876—1885	10,1 °/₀₀
Oldenburg	1760—1800	5,5 °/₀₀	1876—1885	10,1 °/₀₀
Geldern	1705—1787	5,0 °/₀₀		

¹) S. 82. Die natürliche Vermehrung der Bevölkerung Württembergs hat betragen:

1673—1679	8,0 °/₀₀
1679—1750	10,5 °/₀₀
1744—1798	7,0 °/₀₀
1876—1885	10,1 °/₀₀

Wir sehen also, dafs die Bevölkerung trotz aller möglichen Hemmungsmomente eine, wenn auch unter der der Gegenwart bleibende Vermehrungstendenz aufweist. Klinckmüller[1]) stellt für die Kurmark eine Tabelle zusammen, allerdings unter sehr aphoristischen Ausführungen und mangelnder Kritik, aus der wir folgende Daten angeben. Die Bevölkerung betrug in

	Stadt:	Land:	Zusammen:	Überschufs:
1730	178 907	273 450	452 357	
1800	432 760	342 460	775 220	7,2 °/₀₀

Wie aus dieser Tabelle hervorgeht, ist die Bevölkerung der Kurmark von 1730—1800 um 7,2 °/₀₀ jährlich angewachsen; aber diese Tabelle soll zugleich auch unsere Aufmerksamkeit auf einen andern Gesichtspunkt hinlenken.

Während in der Kurmark 1730 das Verhältnis der Stadt- zur Landbevölkerung wie 1 : 1,5 war, hat sich bis 1800 das Verhältnis umgekehrt. 1800 verhält sich die Land- zur Stadtbevölkerung wie 1 : 1,8. Dieser seltene Vorgang ist allerdings vor allem auf das rapide Anwachsen von Berlin zu basieren; aber dies Beispiel ist von besonderer Wichtigkeit, weil es das erste ist, das uns statistisch eine Erscheinung verfolgen läfst, die ihren Anfang seit der Gründung der Städte hat, in unserem Jahrhundert aber besonders beschleunigt ist — die Verschiebung der ländlichen und städtischen Bevölkerung zugunsten letzterer.

Leider wissen wir, abgesehen von dem Beispiel der Kurmark, nichts darüber; und auch dieses hat nur relativ geringen Wert, weil allein die Grofsstadt Berlin das Verhältnis unverhältnismäfsig verschiebt.

Süfsmilch nimmt ein durchschnittliches Verhältnis von 1 : 2 an (cf. S. I. § 34), weist aber zugleich darauf hin, dafs in den verschiedenen Provinzen verschiedene Verhältnisse vorherrschen: in Pommern 1 : 3, in der Neumark noch nicht 1 : 2, in der Kurmark 1 : 1,8. Indes sind diese Angaben doch weiter nichts als ungefähre Abschätzungen. Trotzdem aber läfst sich ermessen, in welchem Grade die Städte in früheren Jahrhunderten die Sterblichkeit steigerten, wenn in ihnen überall bedeutend mehr starben als geboren wurden.

Süfsmilch I. § 52 urteilt darüber: „folglich ist klar, dafs der

---

[1]) Klinckmüller, Die amtliche Statistik Preufsens im vorigen Jahrhundert. Jena 1880. S. 6.

heimliche Schade, den der Staat von Städten erleidet, dem Schaden einer Pest fast gleich zu schätzen sei. Städte sind daher ein wirkliches Übel für den Staat (I. § 52); sie sind aber ein notwendiges Übel, dem sich nicht abhelfen läfst".

Ein ganz bedeutender Unterschied waltet in der Kindersterblichkeit zwischen Stadt und Land vor. Die Kinder sind es, die in dieser Periode nach dem Ausbleiben der grofsen Epidemieen das Hauptkontingent zu der hohen Zahl der Toten stellen.

Wie nun in Anbetracht dieser Momente sich die Fruchtbarkeit gestaltet, wie hoch die Zahl der stehenden Ehen gewesen ist, darüber wagt selbst Süfsmilch nicht zu urteilen. Jedenfalls aber klagt er über eine Abnahme der Fruchtbarkeit in den Städten und teilweise auch auf dem Lande und hält es für nötig, Bd. I Kap. 12, „Betrachtungen der zweiten Regel anzustellen, welche die Hebung aller Hindernisse der ehelichen Fruchtbarkeit in sich fasset". Aus den Beispielen (cf. oben S. 58) würde man höchstens auf eine, der in unserem Jahrhundert analogen, Fruchtbarkeit schliefsen können. Die Vorstellung, als ob noch im vorigen Jahrhundert ein reicher Kindersegen überall erwünscht gewesen sei, dürfte durch Süfsmilch wohl entkräftet sein.

Ja, noch mehr, wir wissen, dafs auf den Dörfern bei Erfurt [1]) im vorigen Jahrhundert das sogenannte französische Zwei-Kindersystem allgemein verbreitet gewesen ist.

Über die aufsereheliche Fruchtbarkeit dagegen ist Süfsmilch [2]) in der Lage, ziemlich genaue und allgemeinere Angaben machen zu können: In den gröfseren Städten betragen die Unehelichen 10 %, in kleineren Städten, sowie auf dem Lande 6,2 % aller Gebornen; während nach Süfsmilch die Totgebornen von allen Gebornen ca. 4 % ausmachen, ist dies unter den Unehelichen höher, ca. 6 %.

---

[1]) Kirchhof, Beiträge zur Bevölkerungsstatistik von Erfurt. (Mitteil. f. d. Geschichte und Altertumskunde v. Erfurt. B. 6.) Erfurt 1871.
[2]) Süfsmilch a. a. O. I. § 150.

Kapitel IV.
Das neunzehnte Jahrhundert.

Wir sind an der Schwelle des 19. Jahrhunderts angelangt. Ein nicht eben erfreuliches Bild hat sich vor unseren Augen aufgerollt. Krieg, Pest, Epidemieen aller Art haben unter unseren Vorfahren gewütet, ihr Herd waren besonders die Städte.

Aber ehe wir in eine ruhige Stille nach all den geschilderten Stürmen treten, entzündet sich noch einmal die Fackel des Krieges, der fast ganz Europas Völkerwellen aneinander branden läfst, und wieder ist es der Boden des unglücklichen Deutschlands, der von dem unversiegbaren Strome der Kriegsscharen überflutet wird.

Erst 1814 glättet sich die Fläche des empörten Völkermeeres. Das Zeitalter des Friedens bricht an, um seine heilende Hand an all die geschlagenen Wunden zu legen. Wie aber der Arzt nur dann gründlich zu heilen vermag, wenn er den Körper seines Patienten kennt, so brach sich nach dem Befreiungskriege allgemein die Überzeugung Bahn, dafs das erste Erfordernis zur Fürsorge für ein Land die volle Kenntnis der Lage und Zahl seiner Bewohner sei.

Die Idee Friedrichs des Grofsen, genaue Tabellen über die Bevölkerung fortlaufend zu führen, die trotz aller seiner Bemühungen nur sehr unvollkommen und mit Unterbrechungen ins Werk gesetzt wurde, wird jetzt energisch wieder aufgenommen. In Deutschland werden von 1816 ab in regelmäfsig wiederkehrenden Perioden Volkszählungen abgehalten. Dieselben Mafsregeln treffen wir früher oder später in fast allen Kulturländern, sodafs den Vergleichungen über die Bevölkerungsbewegung von jetzt ab nichts mehr im Wege steht. Wofern diese Arbeit eine sehr erhebliche Erweiterung nicht erfahren sollte, war es nicht möglich, die uns angehenden Verhältnisse aller Länder eingehend zu behandeln. Der Verfasser mufste sich auf Preufsen beschränken und konnte nur hier und da auf das übrige Deutschland und andere Länder Rücksicht nehmen. Preufsen vereinigt ja die extremsten, untereinander differierenden wirtschaftlichen Verhältnisse — im Osten reine Agrar-, im Westen reine Industrie-Bezirke — in sich, so dafs uns ein sehr mannigfaltiges, farbenreiches Bild entgegentreten wird.

I. Die Bevölkerungszunahme seit 1816 in verschiedenen Ländern.

Lauf. Nr.	Land.[1]	Bevölkerung		Zunahme.
		1816.	1885.	
		Mill.	Mill.	
1.	Sachsen	1,178	3,179	15,4 °/₀₀
2.	England u. Wales	12,0	25,96	(1821—81) 13,7 °/₀₀
3.	Altpreufsen	10,35	23,4	12,5 °/₀₀
4.	Schweden	2,58	4,64	(1820—84) 9,6 °/₀₀
5.	Deutschland	24,83	46,84	9,28 °/₀₀
6.	Österreich	14,2	22,86	(1820—84) 7,7 °/₀₀
7.	Italien	25,0	29,36	(1861—84) 7,0 °/₀₀
8.	Bayern	3,708	5,416	5,7 °/₀₀
9.	Württemberg	1,410	1,995	5,1 °/₀₀
10.	Frankreich	28,0	37,67	(1821—81) 4,2 °/₀₀
11.	Ungarn	12,88	15,73	(1820—80) 3,4 °/₀₀
12.	Union v. N.-Amerika	3,9	50,4	(1790—1880) 28,8 °/₀₀

Bei dieser Zunahme ist indes das Moment der Aus- und Einwanderung nicht eliminiert.

Wir wollen darum eine Tabelle über die natürliche Bewegung der Bevölkerung in den verschiedenen Ländern folgen lassen, und zwar für die Jahre 1873—1886.[2]

---

[1] Rümelin, in Schönbergs Handbuch. II. Aufl. 1886. Teil II S. 919.
[2] Zeitschrift des Kgl. Preufs. Statist. Büreaus. Berlin 1888. H. 1 u. 2. Statist. Korrespondenz S. I.

— 68 —

Lauf. Nr.	Land.	Heiratsziffer.	Lebendgebornenziffer.	Sterbeziffer (exkl. Totgebornen).	Überschufs.
1.	England u. Wales . . .	7,8 °/₀₀	34,5 °/₀₀	20,4 °/₀₀	14,1 °/₀₀
2.	Norwegen	7,0 „	31,0 „	16,9 „	14,1 „
3.	Schottland	6,9 „	34,1 „	20,6 „	13,5 „
4.	Niederlande	7,6 „	35,7 „	22,6 „	13,1 „
5.	Preufsen	8,8 „	38,6 „	25,7 „	12,9 „
6.	Dänemark	7,8 „	32,0 „	19,1 „	12,9 „
7.	Schweden	6,7 „	30,1 „	18,2 „	11,9 „
8.	Belgien	7,0 „	31,5 „	21,2 „	10,3 „
9.	Österreich	8,0 „	39,4 „	30,9 „	8,5 „
10.	Italien	7,8 „	37,0 „	28,7 „	8,3 „
11.	Schweiz	7,3 „	29,9 „	22,2 „	7,7 „
12.	Irland	4,4 „	25,0 „	18,2 „	6,8 „
13.	Ungarn	10,1 „	44,1 „	38,7 „	5,4 „
14.	Frankreich	7,7 „	25,2 „	22,4 „	2,8 „
¹)	Bayern (1876—85) . . .	7,1 „	39,1 „	29,2 „	·,0 „
	Sachsen (1876—85) . . .	8,9 „	42,7 „	28,8 „	13,9 „
	Württemberg (1876—85)	6,7 „	40,0 „	28,4 „	11,6 „
	Baden (1876—85) . . .	6,8 „	36,0 „	25,3 „	10,7 „
	Mecklenburg (1876—85) .	7,6 „	31,5 „	21,1 „	10,4 „
	Deutschland (1876—85) .	7,8 „	38,2 „	26,0 „	12,2 „

II. Die Bevölkerungsbewegung in Preufsen seit 1816.

Die natürliche Bevölkerungszunahme ist seit 1816 in Preufsen folgende gewesen: ²)

Jahr.	Zunahme,		Durchschnitt.
	natürliche.	wirkliche.	
1816—40	11,80	13,17	
1841—61	10,40	10,07	
1862—74	10,80	10,06	1816—86 = 11,40
1875—84	13,10	9,5	
1885—86	12,00		

¹) Zeitschrift des Kgl. Sächs. Statist. Büreaus. XXXIII. Jahrg. Dresden 1887. H. 1 u. 2. S. 11.
²) Für den folgenden Teil der Arbeit liegt, wenn nicht weitere Citate angegeben sind, die Arbeit des Herrn v. Fircks „Rückblick auf die Bewegung der Bevölkerung im Preufs. Staate" etc. (Preufs. Stat. XLVIII. A. Berlin 1879) zu Grunde.

1. Die Geburten.

Die Geburtenziffer (inkl. Totgeborne) betrug in Preußen:

Jahr.	Geburtsziffer.	Jahr.	Geburtsziffer.
1816—1828	43,2 $^o/_{oo}$	1871—75	40,6 $^o/_{oo}$
1829—1840	39,6 „	1876—80	41,1 „
1841—1855	39,4 „	1881—85	39,0 „
1856—1871	39,9 „	1886	39,4 „
1872—1874	41,6 „	1867—86	40,0 „
1816—1874	40,56 $^o/_{oo}$	1871—85	40,2 „
		1816—85	40,4 „

Um diesen Durchschnitt herum ist sie bald gestiegen, bald gefallen. Im allgemeinen wird ein leises Sinken nicht geleugnet werden können; aber dasselbe ist durch äufsere Einflüsse des öfteren unterbrochen und aufgehalten.

Nach den Freiheitskriegen stieg naturgemäfs die Eheziffer, 1816 = 11,5 $^o/_{oo}$; 1816 — 20 = 10,5 $^o/_{oo}$; (1821 — 75 ca. 8,5 $^o/_{oo}$; 1876—86 = 8,0 $^o/_{oo}$) —, infolgedessen auch die Geburtsziffer, die 1819 ihr Maximum mit 45,6 $^o/_{oo}$ erreichte.

Nach Teuerungs-, Kriegsjahren, Epidemieen etc. sinkt die Geburtsziffer regelmäfsig auf ein Minimum (1871 das höchste Minimum 35,3 $^o/_{oo}$), steigt aber nach Beseitigung der Störungen gewöhnlich wieder auf ein Maximum.

So sinkt sie infolge der asiatischen Cholera 1832 auf 37 $^o/_{oo}$, steigt danach wieder, bis sie 1834 den Höhepunkt mit 41,7 $^o/_{oo}$ erreicht, und sinkt von da 1848 auf 35,7 $^o/_{oo}$, während sie in dem günstigen Jahre 1849 sich wieder auf 42,8 $^o/_{oo}$ erhebt. 1855 nimmt sie infolge von Cholera und Teuerung bis auf 36 $^o/_{oo}$ ab, steigt 1859 wieder auf 42,1 $^o/_{oo}$ und schwankt bis 1870 zwischen 41 und 38 $^o/_{oo}$.

Nach dem Kriege von 1870/71 steigt sie von 35,8 $^o/_{oo}$ in 1875 auf 42,8 $^o/_{oo}$, sinkt von da ab bis 1880 auf 39,7 $^o/_{oo}$ und bleibt nach einigen Unterschwankungen 38,6 $^o/_{oo}$ (1881 und 1883) im Jahre 1886 auf 39,4 $^o/_{oo}$ stehen.

Seit 1875 ist demnach eine Abnahme von 42,8 $^o/_{oo}$ bis auf 39,4 $^o/_{oo}$, d. h. um 3,4 $^o/_{oo}$ zu verzeichnen. Würde man als Grenzlinie zwischen Maximum und Minimum 40 $^o/_{oo}$ annehmen, so würde die Geburtenziffer von 1886 um 0,6 $^o/_{oo}$ gesunken sein.

Jedoch ist aus diesen Ziffern durchaus kein Schlufs auf die Abnahme der Fruchtbarkeit zu ziehen. Höchstwahrscheinlich ist die gegenwärtige Geburtsziffer immer noch höher als die im vorigen Jahrhundert (ca. 37—38 $^o/_{oo}$).

a. In den Städten und auf dem Lande in Preufsen.

Für diese Scheidung liegt genaues und sicheres Material erst seit dem Jahre 1849 vor.

Von	Geboren:	
	Städte.	Land.
1849—55	37,964	40,6
1856—61	38,1	40,9
1862—67	39,0	41,2
1867—66	39,3	40,4
1849—86	38,7	40,7
1884	37,6	40,1
1885	37,5	40,5
1886	37,4	40,7
1884—86	37,5	40,4

Demnach übertrifft die Geburtsziffer fürs Land regelmäfsig diejenige für die Städte; ausgenommen sind nur folgende Jahre:

	Städte:	Land:
1872	41,80	41,46
1874	42,06	41,69
1877	42,0	41,6
1878	41,1	40,2
1879	41,1	40,6

Diese Ausnahme ist jedenfalls aus dem damals ungeheuer starken Zuzug der Landbewohner in die Städte und aus der infolge des wirtschaftlichen Aufschwunges in den Städten sich steigernden Zahl der Ehen zu erklären. Von 1880 ab ist aber die Geburtsziffer auf dem Lande wieder höher als in den Städten.

Dieses Verhältnis ist nun allerdings umgekehrt wie das von Süfsmilch gefundene.

Süfsmilch hatte (cf. S. 96) die Geburtsziffer fürs Land auf 33 $^o/_{oo}$, für kleine Städte auf 40 $^o/_{oo}$, für grofse Städte auf 37 $^o/_{oo}$ angenommen.

Ob daher die Süfsmilchschen Ziffern falsch sind, oder ob damals die Verhältnisse andere waren, ist eine schwierige Frage, deren Beantwortung aber doch wohl möglich ist. Im folgenden wollen wir es versuchen. Anders allerdings gestaltet sich die Lage, wenn wir Industrie-Bezirke und reine Ackerbaugegenden vergleichen.

1. Als erste Gruppe wollen wir 4 Grofsstädte zusammenfassen, und zwar Berlin, Breslau, Köln, Königsberg.
2. In der zweiten Gruppe 5 Städte 2. Ordnung: Danzig, Altona, Posen, Essen, München.
3. In der dritten Gruppe 19 Ackerbau-Kreise: Tucheler Haide (Westpreufsen), Lüneburger Haide, Hannoversche Moorlande, Eifel und Venn.
4. In der vierten Gruppe 37 Industriekreise: Schlesisches Gebirge, Oberschlesischer Kohlenbezirk, Westfälischer Kohlenbezirk, Niederrheinischer Industriebezirk, Kohlenbezirke an der Saar. Aachener Grenzbezirk.
5. Sämtliche Städte.
6. Sämtliches plattes Land.

In den Jahren 1867—74 war die Geburtsziffer:

Im preufsischen Staate	39,7
1. In 4 Grofsstädten	37,7
2. In 5 Städten 2. Ordnung	41,4
3. In 19 Ackerbaukreisen	37,1
4. In 37 Industriekreisen	45,7
5. In sämtlichen Städten	39,2
6. Auf dem platten Lande	40,15

Danach stellt sich die Geburtsziffer in gewerbetreibenden, dichtbevölkerten Landkreisen am höchsten, weil hier die Erwerbsverhältnisse am günstigsten sind; während in reinen Ackerbaukreisen die Geburtsziffer am niedrigsten steht, eben wegen der eigentümlichen Verhältnisse daselbst.

Die Grofsstädte weisen eine wenig höhere Geburtsziffer auf als die Landkreise, weil in sie eine grofse Zahl erwachsener lediger Personen zusammenströmt; in sämtlichen, grofsen und kleinen, Städten stellt sie sich etwas höher, noch höher in den Mittelstädten.

Das gesamte platte Land, Ackerbau- und Industrie-Kreise durcheinander, nimmt den dritten Rang ein von den sämtlichen Städten.

Und jetzt sind wir in der Lage, den Widerspruch zwischen Süfsmilch und den neueren Ergebnissen zu erklären resp. ihn zu beseitigen.

Entweder fand Süfsmilch die Geburtsziffer des platten Landes in so geringer Höhe (33 °/$_{00}$), weil er nur die reinen Ackerbaukreise im Auge hatte, oder es ist zu dieser Zeit der Gewerbebetrieb noch ein Vorrecht der Städte gewesen und erst später aufs Land übergegangen.

Wie dem auch sei, auch wir gelangen, ebenso wie Süfsmilch, zu einer niedrigen Geburtsziffer auf dem rein Ackerbau treibenden Lande.

b. Nach den Nationalitäten.

Zu interessanten Resultaten führt die Unterscheidung nach den Nationalitäten. Die am niedrigsten stehenden — Polen, Masuren, Littauer — zeigen die höchsten Geburtsziffern, z. B.

Reg.-Bez. Beuthen 55,90
„ Posen, Land 51,44
„ Kulm 51,43
„ Ortelsburg 50,69
„ Oppeln 48,80
„ Bromberg 47,81
„ Marienwerder 47,58

Dagegen weisen die mit Dänen, Franzosen, Juden gemischten Bevölkerungen eine relativ geringe Geburtsziffer auf:

Sonderburg 25,56
Frankfurt a/M. 28,18 (1871)

Sämtliche Juden Preufsens hatten eine Geburtsziffer:
1822—40 35,46
1841—66 34,75

c. Die verschiedenen Provinzen.

Je nach dem Vorherrschen der Nationalitäten, der Industrie und des Ackerbaues wird sich auch die Geburtsziffer der verschiedenen Provinzen unterscheiden.

Im allgemeinen bildet die Elbe eine Grenzscheide. Östlich von der Elbe ist die Geburtsziffer bei weitem höher als westlich von ihr. Sachsen steht auf der Übergangsstufe und fafst mit dem in dieser Beziehung gleichstehenden Rheinland die dazwischen liegenden Provinzen: Westfalen, Hessen, Hannover und im Norden Schleswig-Holstein als solche mit den niedrigsten Geburtsziffern ein.

Von 1817—86 waren die Geburtsziffern folgende:

Auf 1 Quad.-Kilom. wohnten 1886.	Jahr.	Provinz.	1817—74.	1876—80.	1881—85.	1886.
		Staat.	40,56	41,1	39,0	39,4
52,98 55,21	1 a. Ost-Preufsen 1 b. West-Preufsen	1. Prov. Preufsen ...	45,27	41,5 46,8	41,1 44,4	42,0 46,0
59,23	— — —	2. „ Posen	44,77	46,33	43,4	45,1
102,04	— — —	3. „ Schlesien ...	42,27	41,4	40,0	41,2
50,01	— — —	4. „ Pommern ...	40,16	40,6	38,2	39,5
58,80	— — —	5. „ Brandenburg. .	38,82	38,9	37,8	38,0
96,18	— — —	6. „ Sachsen ...	38,55	41,8	40,2	40,9
58,37	1841—1874	7. „ Hohenzollern. .	37,64	41,3	35,3	34,2
161,04	— — —	8. „ Rheinland. . .	37,29	41,5	39,4	39,1
109,05	— — —	9. „ Westfalen. . .	36,48	42,1	40,3	40,5
56,53	— — —	10. „ Hannover . . .	33,58	35,4	33,8	34,1
61,05	1841—1874	11. „ Schlesw.-Holstein	38,32	35,3	33,7	33,7
101,47	1841—1874	12. „ Hessen-Nassau .	32,19	37,6	33,8	33,4
21704,54	— — —	13. Stadt Berlin	—	45,4	38,5	36,2

d. Eheliche und Uneheliche.

Von 1816—74 waren unter 1000 Gebornen durchschnittlich 74,0 Uneheliche. In den Jahren 1858—68 [1]) erhöhte sich die Zahl, 1866 stieg sie auf 86,9; 1867—76 betrug sie 77,1 ⁰/₀₀; 1876—80 = 76,3 ⁰/₀₀; 1881—85 = 81,1 ⁰/₀₀; 1886 = 82,2. Nach Jahren allgemeinen Notstandes und wirtschaftlicher Krisen erhöhte sich die Zahl der unehelichen Geburten, weil die Eheschliefsungen erschwert waren, während nach günstigen Jahren infolge häufigerer Eheschliefsungen die Unehelichen abnehmen.

Jedenfalls geht aus den Zahlen das mit Sicherheit hervor, dafs allerdings in der letzten Zeit ein Zunehmen der unehelichen Geburten wahrzunehmen ist, dafs aber dieselben die Höhe von 1866 (86,9) noch nicht wieder erreicht haben. Das Material gestattet uns, eine weitere Scheidung vorzunehmen, nämlich die Unehelichen in den Städten und auf dem Lande.

α. Die Städte.

1849—74 wurden in den Städten Preufsens [2]) 97,65 ⁰/₀₀ geboren, in den Grofsstädten dagegen erheblich mehr:

---
[1]) Preufs. Stat. XLVIII. A. Berlin 1879. S. 169.
[2]) das. S. 190.

	1816—1874
Königsberg	189,2
Breslau	179,6
Berlin	156,8
Köln	104,9
Magdeburg	99,6
	146,0

β. Das platte Land.

Auf dem platten Lande betrugen 1849—74 die Unehelichen 71,65 °/₀₀. Seit fast 200 Jahren ist die Zahl der unehelichen Geburten in Preufsen sich in ganz merkwürdiger Weise gleichgeblieben. Süfsmilch berechnet die Unehelichen

auf dem platten Lande auf 62 °/₀₀,
die in den grofsen Städten auf 100 °/₀₀,
also eine Gesamtzahl von 75,5 °/₀₀,

die fast ganz genau mit der von 1816—74 (74,10 °/₀₀) übereinstimmt.

Nur würden, wenn die Süfsmilchschen Ziffern genau sind, die Verhältnisse auf dem Lande etwas schlechter, in den gesamten Städten etwas besser geworden sein, während die Grofsstädte, als Konzentrationspunkte aller möglichen schlechten Elemente sowohl, als auch verhältnismäfsig hoher Zahlen lediger Personen, den ersten Rang einnehmen.

γ. Die Konfessionen.

Was die Konfessionen anbetrifft, so wurden von 1000 Gebornen in den Jahren 1822—66 in Preufsen Uneheliche gezählt:

bei den Evangelischen 85,071
„ „ Röm. Kathol. 57,670
„ „ sonst. Christen 18,926
„ „ Juden 23,757

e. Lebend- und Totgeborne.

Auf Lebend- und Totgeburten wird im allgemeinen die Beschäftigung der Mutter während ihrer Schwangerschaft einen bedeutenden Einflufs ausüben. Hierzu kommt bei besonders kräftigen Kindern noch eine besondere Gefahr, die durch unausgebildete Geburtshilfe noch verstärkt wird.

In formaler Beziehung ist daran zu erinnern, dafs eine genaue Registrierung der Totgeburten erst seit den 70er Jahren durchgeführt ist, dafs also die früheren Zahlen mit gewisser Reserve, wie wir schon a. a. O. darauf hingewiesen haben, zu verwerten sind. Auch werden vielfach Früh- als Totgeburten fungiert haben.

Erst auf dem statistischen Kongresse im Haag 1869 [1]) einigte man sich dahin, dafs als Totgeburten nur solche anzusehen seien, die mindestens 6 Monate Födalleben hinter sich hätten.

Danach wird folgende Tabelle über die Totgebornen in Preufsen [2]) keinen Anspruch auf Genauigkeit bis zu den 70er Jahren machen können.

Totgeborne unter je 1000 Gebornen:

Jahr.	Überhaupt.	Knaben.	Mädchen.
1816—20	31,1	34,6	24,4
1821—30	33,3	37,2	29,2
1831—40	37,0	41,8	34,4
1841—50	38,4	43,0	33,6
1851—60	40,7	45,0	36,2
1861—70	41,2	45,2	36,9
1871—74	39,9	43,7	36,0
1816—74	38,29	42,38	33,96
1871—85	40,4		

Eins aber läfst sich mit Sicherheit aus dieser Tabelle ersehen, dafs nämlich die Totgeburten unter den neugebornen Knaben bei weitem häufiger sind als bei den Mädchen. Der Grund liegt wohl an der im allgemeinen bedeutenderen Gröfse und Schwere der Knaben, wodurch der Geburtsakt mehr gefährdet wird.

In den Städten [3]) ist der Prozentsatz der Totgeburten höher als auf dem Lande. Es befanden sich unter 1000 Gebornen Totgeborne in Preufsen:

	In den Städten:	Auf dem Lande:
1849—74	42,922	39,674
1862—74	43,012	39,635

Dieser Unterschied ist wohl aus den im allgemeinen günstigeren Verhältnissen der Tagelöhnerfrauen auf dem Lande zu erklären, aus der besseren Nahrung, Luft, gröfseren Schonung etc. Bei ländlichen Industriebevölkerungen verwischt sich dagegen dieser Unter-

---

[1]) Preufs. Statistik a. a. O. S. 36.
[2]) das. S. 37.
[3]) das. S. 39.

schied. In den 5 Grofsstädten Berlin, Königsberg, Breslau, Köln und Magdeburg wurden totgeboren in: 1856—71 44,95 °/₀₀, 1872—74 43,06 °/₀₀, 1816—74 48,08 °/₀₀, d. h. es ist ein Sinken der Totgebornen in gröfseren Städten zu konstatieren. Doch darüber weiteres bei der Sterblichkeit.

Bei den Juden stellen sich die Verhältnisse viel günstiger. 1820—64 wurden unter 1000 jüdisch Gebornen totgeboren:

Überhaupt: Knaben: Mädchen:
20,643 22,425 18,726

Der Grund dafür wird in der allgemein besseren Lebensstellung der Juden liegen, deren Frauen selten körperliche Arbeit zu verrichten haben.

Auf diesen günstigen Einflufs der Wohlhabenheit und des Berufes auf die gesamten Lebensverhältnisse werden wir bei der Mortalität näher eingehen.

Scheidet man schliefslich die Gebornen in Eheliche und Uneheliche,[1]) so stellen letztere einen weit höheren Prozentsatz für die Totgebornen.

In Preufsen beliefen sich unehelich Totgeborne 1872—74 auf 55,484 °/₀₀ aller Gebornen, ehelich Totgeborne auf 38,577 °/₀₀. Auf dem Lande wiederum ist der Prozentsatz der unehelich Totgebornen niedriger als der in Städten. In Schleswig-Holstein[2]) z. B. war das Verhältnis 1875—84 folgendes: Auf 100 Totgeburten kamen in den Städten 18,42; in den Landgemeinden 10,00.

2. Die Sterblichkeit.

Seit 1816 bis 1874 sind in Preufsen[3]) von je 1000 Personen 28,95 gestorben und zwar 30,17 von je 1000 männlichen und 27,70 von je 1000 weiblichen Personen.

Jahr.	Gestorbene			
	überhaupt.	richtiger.	männliche.	weibliche.
1816—1820	28,5	28,869	29,5	27,5
1821—1830	28,0	28,257	29,0	27,0
1831—1840	30,0	30,098	31,1	28,9
1841—1850	29,0	29,059	30,0	28,1
1851—1860	28,9		30,1	27,9
1861—1870	26,9		30,5	27,4
1871—1874	29,8		31,2	28,0
1816—1874	28,95	29,01	30,17	27,70

[1]) Preufs. Stat. a. a. O. S. 41.
[2]) Wobeser, Statist. d. Prov. Schleswig-Holstein. Altona 1887. S. 51.
[3]) Preufs. Stat. a. a. O. S. 47.

Da indes bis 1855 [1]) ein Teil der Totgeburten nicht zur Registrierung gelangt ist, so wird die mit „richtiger" eingeschriebene Kolumne wohl der Wahrheit näher kommen. Im Durchschnitt war danach die Sterbeziffer von 1816—30 etwas niedriger als die Gesamtdurchschnittsziffer. Teuerungen, Epidemieen, Kriege bewirken regelmäfsig ein Steigen der Sterbeziffer.
Teuerungsperioden waren:

Jahr.	Maximum.	Sterblichkeitsziffer.		Geburtsziffer.	
		männlich.	weiblich.	männlich.	weiblich.
1816—18	1819	31,9	30,1	47,2	44,1
1831—32	1831	37,2	34,1	39,0	36,5
1839—40	1839	30,9	28,9	41,2	38,7
1842—43	1843	29,9	28,2	40,6	38,3
1846—47	1848	34,5	32,6	36,8	34,6
1852—56	1852	34,3	31,9	41,8	38,8
1861—63	1863	29,2	26,8	42,9	40,2
1867 ...	1868	30,5	27,6	40,2	37,1
1873—74	1873	31,6	28,0	43,2	39,7

Die Cholera grassierte in folgenden

Jahren:	Es starben daran:
1831	32,647
1832	9,091
1837	18,325
1848—50	86,498
1852—53	+ { 41,238 / 9,583 }
1855	30,564
1857	4,077
1859	2,151
1866	114,683
1867	6,081
1873	28,656

In der Pockenepidemie im Jahre 1871 wurden 59838 Todesfälle infolge dieser Krankheit gezählt. Der Krieg von 1866 forderte an Verlusten 10730 Mann, der Krieg von 1870/71 30124 Mann.

---
[1]) Preufs. Stat. a. a. O. S. 48.

In den Jahren 1871—86 weist der Preufsische Staat[1]) folgende Sterbeziffern auf:

Jahr.	Sterbeziffer.	Geburtsziffer.
1871—1875	29,5	40,6
1876—1880	27,2	41,1
1881—1885	27,0	39,0
1881	26,5	38,6
1882	27,0	39,2
1883	27,2	38,6
1884	27,3	39,2
1885	27,1	89,4
1886	27,7	89,4

Das Material gestattet, wie bei der Geburtsziffer, so auch bei der Sterbeziffer eine Scheidung nach den einzelnen Provinzen etc.

a. Die Sterbeziffer nach den Provinzen.[1])

Geburtsziffer.		Lauf. No.	Provinz.	Sterbeziffer.			
1881—85.	1816—74.			1816—74.	1676—80.	1881—85.	1886.
41,1 \ 44,4 /	45,27	1.	Preufsen { Ost- . . { West- .	33,88	30,0 30,6	30,5 30,0	32,4 31,6
43,4	44,77	2.	Posen	33,26	28,6	28,6	28,9
40,4	42,27	3.	Schlesien	31,87	30,0	30,8	31,2
35,8	37,64	4.	Hohenzollern . .	31,68	32,1	27,6	26,4
40,2	38,55	5.	Sachsen	27,28	26,8	27,5	28,4
37,8	38,82	6.	Brandenburg . .	26,83	26,5	26,8	29,6
40,3	36,48	7.	Westfalen. . . .	26,44	26,0	25,0	25,3
39,4	37,29	8.	Rheinland . . .	26,41	26,4	25,7	25,8
38,2	40,16	9.	Pommern.	25,50	24.7	25,6	27,3
33,8	32,19	10.	Hessen-Nassau . .	24,66	25,0	24,1	23,1
33,8	33,58	11.	Hannover. . . .	23,52	23,3	23,0	23,9
33,7	33,82	12.	Schleswig-Holstein	23.00	21,9	21,5	22,4
38,5	—	13.	Stadtkreis Berlin .	—	31,8	28,3	27,8
39,0	40,56		Staat.	29,01	27,2	27,0	27,7

Im allgemeinen trifft für Preufsen der Satz zu, dafs einer höheren Geburtsziffer auch eine höhere Sterbeziffer entspricht.

Bis 1880 nahm in bezug auf die Sterbeziffer die Provinz Preufsen

---

[1]) Preufs. Stat. a. a. O. S. 52 und Stat. Handbuch d. Preufs. Staates. Berlin, 1888. B. I S. 147.

(Westpreufsen) den ersten Rang ein, Posen den zweiten; an dritter Stelle folgte Schlesien, dann Hohenzollern, Sachsen, Brandenburg, Westfalen — am günstigsten stellten sich die Sterblichkeitsverhältnisse Schleswig-Holsteins.

In den Jahren 1881—85 änderte sich die Reihenfolge insofern, als Schlesien an die erste Stelle trat, ihm Ostpreufsen folgte, dann Westpreufsen, Posen, während sie im übrigen gleichblieb. Danach ist die Sterbeziffer im Osten Preufsens höher als im Westen, am niedrigsten in Schleswig-Holstein, günstig in Pommern und in den Provinzen westlich von der Provinz Sachsen.

Die Gründe für die höhere Sterblichkeit im Osten werden teils in der höheren Geburtsziffer gesucht, teils auch in der polnischen Nationalität, die an und für sich — wegen ihrer unvernünftigeren Lebensweise — einer höheren Sterblichkeit unterworfen sei.

Sterbeziffer.					1816—1874.[2]	Geburts-ziffer.	Sterbe-ziffer.	Über-schufs.
1886.[1]	1885.	1884.	1883.	1882.				
29,7	31,1	31,9	29,8	29,1	Oppeln.	48,30	34,24	14,06
31,5	30,9	29,7	29,2	31,6	Marienwerder.	47,58	34,60	12,98
31,4	28,5	28,9	29,5	28,9	Bromberg.	47,81	35,04	12,77
33,0	31,0	28,3	29,0	32,2	Gumbinnen.	46,18	35,51	11,67
32,0	32,2	29,6	30,0	31,8	Königsberg.	43,51	31,93	11,58
						46,48	33,86	12,62

Deutsche Bezirke:

Bezirk.	Geburtsziffer.	Sterbeziffer.	Überschufs.
Köslin	41,88	25,03	16,85
Stettin	40,46	26,18	14,28
Frankfurt a/O.	38,58	35,86	13,22
Merseburg	39,38	27,00	12,38
Trier	37,12	24,97	12,15
Potsdam	38,55	26,78	11,77
Düsseldorf	37,77	26,19	11,58
Zusammen	39,03	25,93	13,10
Staat	40,56	29,01	11,55
Polnisch-Deutsche Bezirke	46,48	33,86	12,62

[1] Während bisher in der Preufs. Stat. die Totgebornen mit eingerechnet waren, ist XCV. 1888 dies nicht geschehen. Es ist daher, um ein ungefähres Bild zu erhalten, 1,5°/₀₀ zu den Ziffern hinzugezählt.
[2] Preufs. Stat. a. a. O. S. 55.

Die Geburts- und Sterbeziffer ist demnach bei der polnisch-deutschen Bevölkerung weit höher als bei der rein deutschen. Schon daraus kann man schliefsen, dafs der moralische und der wirtschaftliche Zustand jener Bevölkerung noch weit hinter dem unsrigen zurück ist; das Verantwortlichkeitsgefühl befindet sich noch auf einer geringeren Stufe. Infolge der viel häufigeren[1]) Eheschliefsungen werden mehr Kinder geboren. Dadurch wird natürlich die Kindersterblichkeit und die Gesamtsterblichkeit erhöht Indes haben sich in den 80er Jahren, wie die Tabelle auf S. 79 beweist, die Sterblichkeitsverhältnisse in diesen Bezirken ganz bedeutend verbessert, mit Ausnahme Königsbergs.[2])

Die Sterbeziffer der ganzen Provinz Posen ist von über 33 %₀₀ auf 28,6 %₀₀ (1881—85) herabgesunken, trotzdem gerade in letzter Zeit ein Moment dieselbe eigentlich ungünstig beeinflussen müfste, wir meinen die starke Auswanderung junger polnischer Arbeiter und Arbeiterinnen nach den anderen Teilen Preufsens. Dadurch mufs sich der Anteil der Kindersterblichkeit und somit die Gesamtsterblichkeit im Verhältnis zu der Bevölkerung erhöhen; wenn trotzdem die allgemeine Sterblichkeit dort so erheblich gesunken ist, so mufs in letzter Zeit besonders die Kindersterblichkeit sich bedeutend gebessert haben.

b. Die Sterbeziffer in den Städten und auf dem platten Lande.

Für diese wichtigste Scheidung reicht das Material in Preufsen[3]) nur bis 1849 zurück.

Geburtsziff.	Sterbeziffer.	Jahr.	Sterbeziffer.		Geburtsziff.		Überschufs.	
5 Grofsstädte.	5 Grofsstädte.		Städte.	Land.	Städte.	Land.	Städte.	Land.
37,4 40,5	33,9	1849—1855	31,4	29,7	37,9	40,6	6,5	10,8
	30,4	1856—1861	28,9	27,7	38,1	40,9	9,1	13,2
	33,5	1862—1867	31,4	27,7	39,0	41,2	7,6	13,5
	33,8	1868—1871	30,9	27,6	37,9	38,7	6,9	11,2
	33,6	1872—1874	31,2	28,6	41,6	41,5	10,4	12,9
	33,0	1849—1874	30,7	28,4	38,7	40,7	7,9	12,8
		1867—1886	29,4	27,1	39,3	40,4	9,9	13,3
		1880—1886	27,9	26,7	37,7	40,0	9,8	13,3
		1886	28,3	27,4	37,4	40,7	9,1	13,3
		1879	28,4	25,4	41,1	40,6	12,7	15,2
		1860	26,3	25,3	38,6	41,4	12,3	16,1

[1]) Preufs. Stat. a. a. O. S. 54.
[2]) das. XCV. Berlin 1888. S. VII.
[3]) das. XLVIII. A. Berlin 1879. S. 60; das. XCIV. Berlin 1888. S. XII.

Wir werden nicht irren, wenn wir aus obiger Tabelle schliefsen, dafs zwar in den Städten eine höhere Sterblichkeit herrscht, als auf dem Lande, dafs aber die Städte die Tendenz zeigen, ihre Sterbeziffer der ländlichen allmählich zu nähern; und zwar ist dies seit dem Jahre 1871 der Fall. In diesem Jahre betrug sie 34,4 %/oo, sinkt aber von da allmählich bis auf 27.4 %/oo im Jahre 1885 (1851 hatten die Städte schon dieselbe Sterbeziffer).

Da nun die Geburtsziffer auf dem Lande gröfser, die Sterbeziffer kleiner ist als in den Städten, so mufs natürlich der Geburtenüberschufs auf dem Lande bei weitem den in den Städten übertreffen.

Diese Differenz betrug:

1849—74   4,4 %/oo
1880—86   3,5 %/oo

Zur weiteren Illustrierung der Sterblichkeitsverhältnisse in den gröfseren Städten [1]) möge folgende Tabelle dienen:

Lauf. No.	1887.	Geburtsziffer ohne Totgeborne.	Sterbeziffer	Geburtenüberschufs.	Gestorbene im Alter von 0—1.	Von den Geburnen starben im Alter von 0—1.
1.	Magdeburg	38,1	21,9	+ 16,2		
2.	Elberfeld	37,4	20,6	+ 16,8		
3.	Altona	36,1	25,8	+ 10,8		
4.	Köln	35,7	25,5	+ 10,2		
5.	Nürnberg	35,5	26,4	+ 9,1		
6.	Breslau	35,3	30,0	+ 5,3		
7.	München	35,0	29,6	+ 5,4		
8.	Wien	34,3	26,0	+ 8,3		
9.	Hamburg	34,2	27,3	+ 6,9		
10.	Berlin	34,0	21,9	+ 12,1		
11.	Augsburg	32,1	29,1	+ 3,0		
12.	Dresden	32,0	21,7	+ 10,3		
13.	Görlitz	30,6	25,4	+ 5,2		
14.	Regensburg	30,2	31,0	— 0,8		
15.	Leipzig	29,8	19,4	+ 10,4		
16.	Stuttgart	28,1	17,3	+ 10,8		
	Zusammen	34,1	24,4	+ 9,7	344	216
	173 deutsche Städte 1877—83	38,2	26,0	+ 12,2		269 [2])
	Deutschland [3]) 1876—85.	36,8	26,3	+ 10,5		235

[1]) Magdeburgische Statistik. Magdeburg 1888. H. 3 S. 85.
[2]) Beilagenheft zur Zeitschr. d. Kgl. Bayr. Stat. Bür. München 1888. S. 57 ff.
[3]) Nach der Sterbetafel von 1871—81 (in d. Novemberheft der Monatsbl. d. deutsch. Reiches). Berlin 1887. S. 2.

VI. 1.   6

Nach dieser Tabelle ist die Sterbeziffer in den 173 deutschen Städten über 15 000 Einwohner nur wenig von der des ganzen deutschen Reiches unterschieden. Leider wird die Unterscheidung in Stadt und Land für das Deutsche Reich noch nicht durchgeführt, so dafs wir den 173 gröfseren Städten das Land nicht gegenüberstellen können.

Ebenso steht die Bearbeitung des letzten Jahrzehntes für Preufsen[1]) auch noch erst zu erwarten.

Um so willkommener ist die Arbeit des Dr. Geifsler in Heft 1 u. 2 des Jahrgangs 1888 der „Zeitschrift des Kgl. Sächs. Stat. Büreaus", welche die Fruchtbarkeits- und Sterblichkeitsverhältnisse in Stadt- und Landgemeinden in Sachsen untersucht.

Diese Arbeit schliefst mit folgender Tabelle ab:

1881—85.	Geburtsziffer.	Sterbeziffer.	Totgeborne.	Von 1000 Lebendgeb. starben im 1. Jahre.
Städte	40,7	28,5	3,58	285
Land	45,5	29,1	3,86	280

Hier finden wir das Aufsergewöhnliche, dafs die Sterbeziffer, für sich betrachtet, auf dem Lande höher ist wie in den Städten. Allein diese Erscheinung hat ihren Grund 1. in der bedeutend höheren Geburtsziffer; 2. in der stark vertretenen industriellen Bevölkerung der Landgemeinden.

In den Beispielen, die Westergaard anführt, stellt sich ebenfalls die Sterblichkeit in den Städten höher als auf dem Lande.

Von 1000 Menschen starben jährlich in England:[2])

Jahr.	Städte.	Land.	Zusammen.
1847—77	24,7	19,7	22,3
1847—63	25,1	20,0	22,5
1864—77	24,3	19,4	22,2

Nach Ratcliffs[3]) Berichten über England starben (für 1866—70) von 1000 Arbeitern im Alter von 21—30 Jahren:

Land: kl. Städte: gr. Städte: Zus.:
134   144   154   144

---
[1]) Preufs. Stat. XCIV. Berlin 1888. S. IV. Einl.
[2]) Westergaard, Die Lehre v. d. Mortalität u. Morbidität. Jena 1882. S. 175.
[3]) S. bei Westergaard S. 196.

Die Kindersterblichkeit ist (Tabelle S. 81) in den Städten immer noch bei weitem höher als im ganzen Staate, und demnach noch höher als auf dem Lande, dafür aber ist in den Städten die Klasse der im besten Alter stehenden Erwachsenen, die einen verhältnismäfsig geringen Prozentsatz zur Sterblichkeit beiträgt, um so stärker vertreten.

Indes darf man sich der Hoffnung hingeben, dafs die Kindersterblichkeit in den Städten, wie sie nachweislich schon bedeutend sich gegen das vorige Jahrhundert verringert hat, immer mehr, wenn erst die Wohnungsfrage der Armen ihrer thatsächlichen Lösung entgegengeht, sinken wird. Denn der eigentliche Herd der Kindersterblichkeit in den Städten sind die Kasernen der Armen. Die früheren Untersuchungen über die Kindersterblichkeit — von Villermé, Bertillon, Vasher, Kuborn, Husson, Farr, Ploss etc. — hatten zwar alle das Ergebnis, dafs bei den Wohlhabenden die Kindersterblichkeit geringer sei als bei den Armen. Da indes diese Arbeiten in der Weise unternommen wurden, dafs die einzelnen Quartiere in Gruppen nach der Wohlhabenheit abgestuft und miteinander verglichen wurden, konnten sie zu völlig genauen Resultaten nicht führen.

Ebenso sind die folgenden Beispiele zu beurteilen, von denen sich die drei ersten auch bei Westergaard a. a. O. S. 206 ff. finden.

In Leipzig[1]) starben 1875—76:

In Strafsen mit einer durchschnittlichen Bevölkerungsdichte von:	Von 100 Personen:		
	unter 1 Jahre	über 5 Jahre	alle Alter
0 —1	11	1,0	1,1
1 —1,5	25	1,1	1,8
1,5—2 auf 1 Zimmer.	26	1,1	2,0
2 —2,5	34	1,4	2,6
2,5—3	33	1,8	2,7
3 —x	42	1,8	8,4

In der Breslauer Statistik, 2. Serie, 2. Heft, 1877, findet sich für 1875—76 folgende Tabelle:

Von 1000 Personen starben:

	über 1 Jahr:	alle Alter:
im Keller	9	20,6
„ I. Stockwerk	13	27,1
„ II. „	11	22,1

---

[1]) Mitteil. des statist. Büreaus der Stadt Leipzig. XII. S. Leipzig 1877.

	über 1 Jahr:	alle Alter:
im III. Stockwerk	12	24,1
„ IV. „	14	32,3
„ V. „	14	36,5

In hohem Grade äufsert die Wohnungsdichte ihren Einflufs bei Epidemieen, ein Moment, welches besonders auch für die früheren Jahrhunderte in Betracht kommt. Nach Körösi — die Choleraepidemieen in Pest 1872/73 — betrugen von den Todesfällen an der Cholera die in Zimmern mit mehr als 10 Personen 79 %,

„	„	„	6—10	„	32 %,
„	„	„	3—5	„	29 %,
„	„	„	1—2	„	20 %.

Schliefslich möge noch eine interessante Untersuchung Emil Richters „Lebenshaltung und Sterblichkeit in den grofsen Städten" etc. in „Soziale Zeitfragen, N. F., herausgegeben von Dr. Th. Müller. 22 H. 1888", hier an dieser Stelle Platz finden. Derselbe ermittelt in Frankfurt a/M. für die einzelnen Stadtteile je nach der Wohlhabenheit der Bevölkerung folgende Sterblichkeitsverhältnisse:

Von 100 Verstorbenen standen 1885:

Stadtteil	im 1. Jahre	im 0—5. Jahre
in der Sachsenhäuser Altstadt . .	43,00	62,00
in der Frankfurter Altstadt . . .	37,38	53,71
in Bornheim	35,81	54,18
in der ganzen Stadt	25,90	38,80
in der Neustadt	20,65	28,50
in der Sachsenhäuser Aufsenstadt .	15,84	24,12
in der Frankfurter Aufsenstadt . .	15,54	28,00

In neuerer Zeit haben dagegen Conrad in Halle a/S., Neefe in Breslau, Körösi in Budapest, Dr. Reck in Braunschweig („Die Gesundheitsverhältnisse der Stadt Braunschweig". Braunschweig 1877), Dr. Lievin in Danzig („Die Sterblichkeitsverhältnisse Danzigs" in der Deutschen Vierteljahrsschrift für öffentliche Gesundheitspflege, Bd. III, S. 329 ff.) in minutiös genauer Weise den Einflufs der Wohlhabenheit auf die Sterblichkeit im allgemeinen und auf die der Kinder im besonderen verfolgt.

Nach dem „Beitrag zur Untersuchung des Einflusses von Lebensstellung und Beruf auf die Mortalitätsverhältnisse. Auf Grund des statist. Materials zu Halle. 1855—74". In der „Sammlung nationalökon. u. statist. Abhandlungen des staatswissenschaftlichen Seminars zu Halle, herausgegeben von Dr. Joh. Conrad. I, 2. Jena 1877." starben in Halle von 100 Lebendgebornen im 0—1. Jahre:

	1858/62:	1870/74:
I. Höhere Stände	13,0	10,0
II. Handwerker	15,8	19,9
III. Subalterne	20,2	23,7
IV. Arbeiter	16,2	20,2
V. Uneheliche Kinder	58,6	36,1

Körösi — „Über den Einfluſs der Wohlhabenheit und der Wohnungsverhältnisse auf Sterblichkeit und Todesursachen. Wien 1885" — faſst die Ergebnisse folgendermaſsen zusammen:

1. Die Armut übt keinen gleichmäſsigen Einfluſs auf das Auftreten aller epidemisch-infektiösen Krankheiten aus.

2. Die infektiösen Krankheiten treten bei Wohlhabenden intensiver auf als bei Armen, mit Ausnahme der Allerwohlhabendsten.

3. Die Armut begünstigt das Auftreten von Cholera, Blattern, Masern, Typhus, während Croup, Diphteritis, Keuchhusten und Scharlach bei den ärmeren Klassen schwächer auftreten.

4. Die Lungentuberkulose und die Lungenentzündung treten als Todesursachen bei den Armen viel intensiver auf.

Wenn die Intensität der Todesursachen bei Wohlhabenden = 100 ist, so stellt sie sich bei den Armen, wie folgt:

Cholera	211			
Blattern	174	(bei Kindern	131)
Darmkatarrh	170	(„	„	137)
Lungentuberkulose	148	(„	„	227)
Skrofeln	139	(„	„	118)
Lungenentzündung	124	(„	„	102)
Typhus	114			
Fraisen		(„	„	110)
Masern		(„	„	106)
Keuchhusten		(„	„	73)
Rachitis		(„	„	71)
Diphteritis	66	(„	„	48)
Croup	53	(„	„	42)
Scharlach	50	(„	„	40)

Doch, wie weit diese Zahlen eine Verallgemeinerung zulassen, das ist eine Frage der Zukunft.

Ehe ich mich dem Schlusse zuwende, will ich nicht verfehlen, zum Beweise des Rückgangs der Kindersterblichkeit noch einige interessante und schlagende Beispiele anzuführen.

Nach Westergaard a. a. O. S. 110 u. 123 starben in Schweden von 1000 Lebendgebornen im Alter von 0—1 Jahre:

			0—1
1751—70	27,6	Sterbez.	210
1771—90	28,8	,,	200
1791—1815	26,8	,,	196
1816—40	23,4	,,	168
1841—60	21,2	,,	149
1861—75	19,5	,,	137

Knapp — „Ältere Nachrichten über Leipzigs Bevölkerung" in den „Mitteil. des statistischen Büreaus der Stadt Leipzig. H. 6. Leipzig 1872" — stellt folgende Tabelle über die Kindersterblichkeit auf.

Von 1000 Lebendgebornen starben im Alter von:

Jahr.	0—1 Jahr.	1—10 Jahr.
1751—1760	355	333
1761—1770	366	244
1771—1780	317	255
1781—1790	328	247
1791—1800	375	192
1801—1810	340	179
1811—1820	307	167
1821—1830	234	130
1831—1840	232	158
1841—1850	224	144
1851—1860	206	112
1861—1870	222	144

Das dritte Beispiel liefert Almquist von Göteborg — Zeitschr. für Hygiene, herausgegeben von Koch und Flügel. Bd. IV, H. 1. 1888. „Über abnehmende Sterblichkeit und ihre veranlassenden Ursachen":

Jahr.	Sterbeziffer.	0—1 Jahr.
1776—1800	44°/₀₀	370
1801—1825	34°/₀₀	325
1826—1850	30°/₀₀	232
1851—1875	28°/₀₀	248
1876—1885	20°/₀₀	185

So sind wir nun am Schlusse unserer Arbeit angelangt. Unsere letzte Aufgabe wird es sein, die gewonnenen Resultate kurz zusammen zu fassen.

Übersicht über die Ergebnisse.

I. Die Geburten.

Alle Momente führten darauf hin, dafs im Mittelalter die eheliche Fruchtbarkeit eine hohe gewesen; ein allgemeines Mafs zu bestimmen war nicht möglich. Trotzdem aber finden wir, d. h. in den Städten, eine geringe Kinderzahl pro Ehe gerechnet, ein Widerspruch, der nur durch die hohe Sterblichkeit erklärt werden kann. Durch die letztere werden viele Ehen getrennt, besonders durch den Tod der Männer, welche damals weit mehr allen möglichen Gefahren ausgesetzt waren als jetzt. Wenn nun auch die Eheschliefsungen dadurch wohl sich an Zahl höherstellten, als in der Gegenwart, so liegt die Vermutung sehr nahe, dafs die Zahl der stehenden Ehen weit geringer war als die in der Gegenwart — natürlich im Verhältnis zur Gesamtbevölkerung.

Dadurch aber war der Kreis der für Fortpflanzung bestimmten Bevölkerung kleiner als jetzt — und infolgedessen stellt sich das Verhältnis der Trauungen zu den Taufen niedriger als in der Gegenwart, die Geburtsziffer wird dadurch relativ niedriger als die gegenwärtige. Bis zum 30jährigen Kriege, wo eine Änderung der Sterblichkeit nicht zu bemerken ist, wird auch das eben entrollte Bild dasselbe bleiben.

Während des 30jährigen Krieges tritt in den meisten Gegenden Deutschlands ein allgemeiner Niedergang ein, eine Entvölkerung, wie sie Deutschland schon einmal durch den schwarzen Tod 1348 bis 1350 erfahren hatte.

Nach dem 30jährigen Kriege erweitert sich das zur Untersuchung geeignete Material. Wir sind jetzt in der Lage, zwischen Stadt und Land zu unterscheiden. Die Pest erscheint noch zweimal nach dem 30jährigen Kriege, verschwindet aber dann gegen Ende des 17. Jahrhunderts. Trotzdem scheinen sich die Verhältnisse in den Städten nicht merklich zu bessern. Nur die Fruchtbarkeit nimmt allmählich ab, ein Vorgang, den Süfsmilch aber hauptsächlich auf gesellschaftliche Zustände und Sittenverderbnis zurückführt.

Süfsmilch beweist diesen Rückgang der Zahl der Eheschliefsungen und Geburten ziffermäfsig, indem er als Reduktionsziffer die Zahl der Toten, zuweilen auch das arithmetische Mittel aus der Zahl der Gebornen und Gestorbenen zu Grunde legt, ein bedenkliches Vorgehen, das oben schon seine Kritik erfahren hat.

Wenn wir uns auch nicht seiner Methode anschliefsen können, so werden auch wir im allgemeinen zu derselben Ansicht gelangen müssen, dafs in den Städten im 18. Jahrhundert in bezug auf die Geburtsverhältnisse eine ähnliche Lage gewesen ist, wie die gegenwärtige. Auf den Zunftzwang kommt Süfsmilch-Baumann — III. S. 309 — nur einmal zu sprechen, fällt aber an dieser Stelle ein so richtiges und abfälliges Urteil über denselben, wie wir es in unserer Zeit darüber nicht besser zu hören bekommen; er befürwortet unbedingt eine Abschaffung der geschlossenen Innungen und Zünfte, „die dem Staate in allen Absichten, besonders in der vornehmsten, nämlich in der Bevölkerung des Landes, höchst schädlich sind. Denn die wenigsten Gesellen werden Meister, und viele von ihnen sterben als Bettler;" — d. h. die Zünfte werden als retardierendes Moment der Bevölkerungszunahme verurteilt. Wie weit sich indes dieser Einflufs erstreckt hat, das ist eine offene Frage. —

Über die Fruchtbarkeit auf dem Lande bleiben wir lange Zeit im Ungewissen. Süfsmilch glaubt sie noch niedriger als in den gröfseren Städten annehmen zu müssen. In den 1056 kurmärkischen Dörfern fanden wir eine Geburtsziffer von 36 °/$_{00}$, indessen reicht diese Zahl zur Beurteilung nicht aus; aber aus manchen Notizen, die sich bei Süfsmilch finden, fällt doch ein helleres Licht auf diese Verhältnisse bei der Landbevölkerung. Er unterläfst es nicht, wo es nur angeht, auf die ungünstige Lage der Landwirtschaft hin zu weisen. So führt er — I, S. 126 — aus, „dafs die Zahl der Ehen auf dem Lande nicht gesteigert werden kann, wenn nicht a. epidemische Seuchen, oder gar die Pest, oder b. Krieg viele Ehen trennen — eine Bestätigung unserer obigen Deduktion — und mehr Gelegenheit zum Heiraten geben, oder wenn nicht c. auf dem Lande mehr Nahrungsmittel verschafft werden, welches durch Beförderung des Ackerbaues, des Fleifses, durch Rodungen und Anlegungen neuer Dörfer, oder auch durch vernünftige Verteilung grofser königlicher, oder anderer Ackerhöfe geschehen kann." — S. 146: „Jetzt wird selten vor dem dreifsigsten Jahre vom männlichen Geschlecht daran gedacht, sowohl in Städten als auf dem Lande, wo alle Haushaltungen besetzt sind, und also Unterhalt und Verdienst fehlt, zu heiraten. Jedermann frägt erst vorsichtig: Woher Brot für Frau und Kinder? Daraus folgt, dafs die Fruchtbarkeit ebenfalls mufs verringert werden."

Auch redet er der Abschaffung der Leibeigenschaft und der Frohndienste das Wort — II, S. 34 und 35 — und rät zu den Ackerteilungen; dadurch würde auch das „diebische Geschmeifs der Einlieger" vermindert werden. —

Wie nun die Besserung dieser Verhältnisse auf die Fruchtbarkeit eingewirkt hat, darüber statistisches Material zu beschaffen, würde wohl ein Ding der Unmöglichkeit sein. Jedenfalls findet man Vertreter[1]) der Ansicht, dafs die Stein-Hardenbergsche Gesetzgebung zur Erhöhung der Geburtenzahl — durch Vermehrung und Erleichterung der Eheschliefsungen — beigetragen habe.

Seit 1849 hat sich in Preufsen das Verhältnis so gestaltet, dafs die Geburtenziffer auf dem Lande höher ist als in den Städten.

Doch darf hierbei ein Moment nicht übersehen werden: Das Wachstum der Städte in früheren Jahrhunderten ist auf den Zuzug vom Lande zu basieren. Aber dieser Zuzug ist in dem 19. Jahrhundert nach Aufhebung der Leibeigenschaft, Hörigkeit, der Zunftbeschränkungen, nach Einführung der Freizügigkeit, sicher im Verhältnis gröfser als früher. Daher mufs sich die Geburten-, wie die Sterbeziffer auf dem Lande höher stellen, in den Städten niedriger.

Aber dieses Moment ist bis jetzt von der Statistik noch nicht bis zur Evidenz erfafst.

II. Die Sterbefälle.

Viel sicherer als die Fruchtbarkeit läfst sich die Sterblichkeit bis ins Mittelalter zurück verfolgen. In den Städten übertreffen im 16., 17. und 18. Jahrhundert — längere Perioden gerechnet — überall die Sterbefälle die Geburten.

Im Durchschnitt kann man von 1550—1750 in den beobachteten Städten das Verhältnis der Gestorbenen zu den Gebornen auf 100 : 80—90 festsetzen.

Im 19. Jahrhundert zeigen die Städte die Tendenz sich der Sterblichkeitsziffer auf dem Lande zu nähern.

In dem 19. Jahrhundert sind also unleugbare Fortschritte in der Minderung der Sterblichkeit gemacht — trotz aller Schäden, welche eine so intensiv gesteigerte Kulturentwickelung im Gefolge

---

[1]) s. e. Geffken, in Schönbergs Handbuch II. T. Art. XXV S. 945.

hat. Aber bei weitem ist uns noch England, das entwickeltste Industrie- und Handelsland, voraus:

Land.	Lebendgebzff.	Sterbeziffer.	Überschuſs.
Deutschland . . .	38,2 °/₀₀	26,0 °/₀₀	12,2 °/₀₀
Preuſsen	38,6 °/₀₀	25,7 °/₀₀	12,9 °/₀₀
England u. Wales	34,5 °/₀₀	20,4 °/₀₀	14,1 °/₀₀

England erzielt trotz seiner viel niedrigeren Geburtsziffer doch den gröfsten Geburtenüberschufs. Und das ist auch das Erstrebenswerte: geringe Geburtenfrequenz und niedere Sterblichkeit. Am günstigsten steht Norwegen da mit einer Geburtenfrequenz von 31 °/₀₀ und einem Überschufs von 14,1 °/₀₀, während Frankreich in der Reihe der europäischen Staaten die letzte Stelle einnimmt mit 25,5 °/₀₀ und resp. 2,8 °/₀₀, ein höchst bedeutungsvolles Zeichen der Zustände in diesem Lande.

Während wir also in bezug auf die Städte zu dem sehr erfreulichen Resultate gelangt sind, dafs die allgemeine Sterblichkeit sowohl, als auch im besonderen die Kindersterblichkeit bedeutend gesunken ist, gilt dies nicht in gleichem Mafse vom platten Lande. Das Verhältnis der Gestorbenen zu den Gebornen betrug:

Ort.	Jahr.	Verhältnis.
Messow	1650—1699	100 : 160
Lychen	1660—1699	100 : 155
Messow	1700—1749	100 : 135
Lychen	1700—1759	100 : 138
Lychen	1700—1774	100 : 125
1056 kurm. Dörfer .	1739—1748	100 : 127
Lauenburg u. Bütow .	1698—1756	100 : 151 (24 Jahre)
Pommern	1694—1756	100 : 138 (60 „)
Königr. Preuſsen . .	1698—1756	100 : 133 (18 „)
Land (Preuſsen) . .	1867—1886	100 : 144

Nach dem 30jährigen Kriege war hiernach die Sterblichkeit auf den beiden Dörfern sehr niedrig, stieg aber im 18. Jahrhundert wieder nicht unbedeutend.

Wenn nun im ganzen Kgr. Preuſsen das Verhältnis wie 100 : 133 war, so mufs auf dem Lande die Sterblichkeit geringer gewesen sein, mindestens wie in Pommern.

Danach wäre die Sterblichkeit auf dem Lande seit ca. 200 Jahren in Preufsen, Schwankungen natürlich abgerechnet, so ziemlich konstant geblieben.

Das Land ist es gewesen, das in früheren Zeiten aus seinem Volksüberflufs einen reichlichen Zuschufs an die Städte abgeführt hat. Die Stadtbevölkerung hätte ohne diesen ländlichen Zuzug längst das Verhängnis des Aussterbens ereilt.

Aber auch die Städte stehen in der Gegenwart nicht mehr auf diesem gemeingefährlichen Standpunkt. Ihre dezimierende Kraft ist verschwunden. Sie wetteifern in der Konservierung ihrer Bewohner nicht ohne Aussicht auf Erfolg schon mit dem Lande, ja in Sachsen haben sie dasselbe schon überholt; und in diesem Umstande ist der Grund der starken Volkszunahme in Europa während dieses Jahrhunderts zu suchen.

G. Pätz'sche Buchdr. (Lippert & Co.), Naumburg a/S.